LE FRANÇAIS DE L'ENTREPRISE

Collection dirigée par Michel DANILO

Michel DANILO

Maître de conférences à l'E.N.A.,
nsable du département du français des affaires à l'I.L.C.F. (Institut Catholique),
formateur à la Chambre de Commerce et d'Industrie de Paris.

Béatrice TAUZIN

Professeur de français des affaires à l'Alliance Française de Paris.

CLE International
27, rue de la Glacière
75013 Paris
Présentation et vente aux enseignants :
16, rue Monsieur Le Prince
75006 PARIS

PRÉFACE

C'est un ouvrage particulièrement bienvenu que publient Michel Danilo et Béatrice Tauzin.

La langue française souvent, trop marquée par son image littéraire et culturelle, est aussi la langue de l'économie et des affaires, ne l'oublions pas ; elle véhicule tout un environnement socio-économique et socio-professionnel dont la connaissance est indispensable dans la vie pratique. C'est pourquoi il me plaît de souligner les mérites et les qualités du *Français de l'ENTREPRISE*. Sa présentation bien structurée, sa division en différentes sections, chacune étant présentée comme un véritable dossier technique, son approche pédagogique qui part de la réalité « réellement » authentique, en font un ouvrage solide et particulièrement bien adapté aux situations professionnelles du monde francophone.

L'étudiant, qu'il soit étranger désireux de rendre opérationnelles ses connaissances de français langue étrangère ou que, francophone, il soit à la recherche d'un approfondissement de ses connaissances de la communication écrite, y trouvera, dans les deux cas, des recettes, des modes d'emploi, un contenu linguistique et technique indispensable pour affronter les situations quotidiennes vécues dans la vie pratique de tous les jours mais également et principalement dans la vie de l'entreprise.

Le présent ouvrage, par les sujets traités, est le reflet de l'expérience acquise par ses auteurs en matière d'enseignement de français langue des affaires ; il apporte incontestablement une aide efficace aux enseignants et aux étudiants.

Que les auteurs en soient chaleureusement remerciés.

Jacques Cartier

Directeur des Relations Internationales
de la Direction de l'Enseignement de la Chambre de Commerce et d'Industrie de Paris,
Responsable des examens et des programmes de français des affaires et des professions pour étrangers,
Vice-président fondateur de l'Association pour Promouvoir le français des Affaires.

© CLÉ INTERNATIONAL, PARIS 1990 ISBN 2.19.033580.9

AVANT-PROPOS

AVANT DE COMMENCER

Le Français de l'ENTREPRISE a été conçu pour vous qui désirez :
• mieux connaître l'entreprise ainsi que les réalités culturelles et socio-économiques du monde francophone des affaires ;
• vous entraîner à faire face à des situations professionnelles courantes ;
• mieux maîtriser la communication écrite et orale à travers des activités qui vous impliquent pleinement ;
• vous préparer aux examens de français des affaires de la Chambre de Commerce et d'Industrie de Paris.

Pour atteindre ces objectifs, cet ouvrage vous propose 10 dossiers thématiques regroupant 5 ou 6 sections chacun.
Au total 53 sections qui vous présentent les situations les plus courantes du monde des affaires : *rechercher un emploi, se présenter pour un entretien d'embauche, analyser un contrat de travail, se procurer des capitaux, diriger, informatiser,* etc.
Dans chaque section, on trouvera des activités et des exercices variés et réalistes ayant pour point de départ des documents écrits ou sonores.
D'autres activités ont un caractère plus ludique. Ces entractes pédagogiques sont toujours les bienvenus car on apprend tout aussi bien et parfois mieux en se distrayant.
Des tableaux de langue fournissent les outils linguistiques nécessaires à la maîtrise de tel ou tel aspect de la communication : pour *conseiller et déconseiller* — pour *persuader et dissuader* — pour *exprimer la possibilité, l'obligation, l'hypothèse,* etc.

QUELQUES CONSEILS D'UTILISATION

Ce matériel s'adresse à ceux qui étudient en groupe sous la direction d'un professeur. Mais, grâce aux corrigés fournis dans le *livret complémentaire*, il peut aussi être utilisé avec profit par l'étudiant(e) qui travaille seul(e).
Les sections sont indépendantes les unes des autres. Vous pouvez donc les aborder dans l'ordre qui vous convient, selon votre niveau, vos besoins et vos centres d'intérêt.

• Après avoir lu ou écouté un document, cherchez à bien situer le message transmis en répondant aux questions suivantes : qui dit quoi, à qui, où et quand ? Avec quelles intentions ? Quel type de langue est utilisée : familière, courante ou recherchée ? Ces repères vous aideront à comprendre mieux et plus vite de quoi il s'agit et ainsi à répondre plus justement aux questions posées.
• Il n'est pas absolument nécessaire de comprendre tous les mots de chaque document. Ne vous arrêtez pas à une apparente difficulté du lexique. Habituez-vous à deviner globalement le sens grâce au contexte.
• Les documents sonores figurent dans votre livre. Mais si vous disposez de la cassette, il est préférable d'écouter l'enregistrement une ou plusieurs fois avant de vous reporter au texte écrit.
• Dans la plupart des activités, il vous est demandé d'accomplir une tâche bien précise : *choisir le meilleur candidat à un poste, apprécier les raisons invoquées pour licencier un employé,* etc. Faites appel à votre intelligence bien sûr, mais aussi à votre bon sens, à votre imagination ; mobilisez toutes vos connaissances ou votre savoir-faire professionnel pour effectuer les bons choix, trouver les solutions aux problèmes, traiter un cas, présenter des arguments, analyser un schéma, etc. N'hésitez pas non plus à faire preuve d'esprit critique et à commenter le comportement des personnages mis en scène, à comparer l'entreprise française avec celle de votre pays.

Exprimez-vous librement et spontanément en vous servant de ce que vous savez, sans avoir peur de commettre des erreurs.
C'est en pratiquant que l'on apprend !

S O M M

1. RECHERCHER UN EMPLOI

2. TRAVAILLER

3. CONNAÎTRE ET DÉFENDRE SES DROITS

4. DÉCOUVRIR L'ENTREPRISE

5. ENTREPRENDRE

A I R E

RECHERCHER UN EMPLOI

SECTION 1 : ENGAGER DU PERSONNEL

1. LE POSTE EST VACANT

Si une entreprise a un poste vacant, elle peut effectuer différentes opérations pour engager une personne pour ce poste.

1. Voici, dans le désordre, les principales opérations à effectuer.

A vous de retrouver l'ordre chronologique et de les placer dans l'organigramme ci-contre.

a - réception des candidatures

b - convocation des candidats sélectionnés pour entretien et tests

c - décision d'engager un collaborateur

d - envoi de la lettre d'engagement

e - envoi de la lettre de refus

f - définition du poste

g - première sélection des candidatures reçues après examen du dossier

h - définition du profil psychologique et professionnel du candidat

i - réalisation des tests et de l'entretien

j - publication d'une petite annonce dans la presse

2. Rédigez un texte à partir de ces principales étapes.

Exemple : « Pour recruter un(e) employé(e), il faut effectuer un certain nombre d'opérations. **Tout d'abord** l'entreprise doit décider d'engager un(e) collaborateur(trice)... »

Efforcez-vous d'utiliser des mots tels que :
d'une part..., d'autre part... – non seulement... mais encore – premièrement, ensuite, puis... enfin – en dernier lieu.

A vous!...

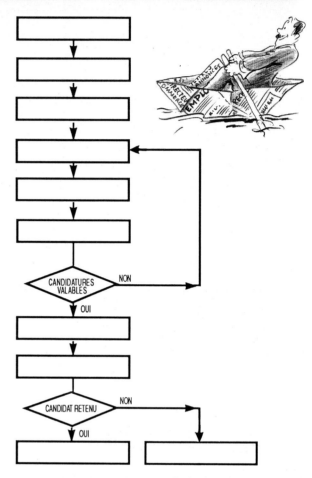

2. IMAGINER

1. Imaginez ce que dit le directeur à cette candidate. (Voir ci-dessous la réplique originale.)

2. Classez les diplômes de cette candidate, du moins élevé au plus élevé.

(B.T.S. : Brevet de technicien supérieur ; D.E.U.G. : Diplôme d'études universitaires générales.)

J'AI UN B.T.S "SECRÉTARIAT DE DIRECTION, UN DIPLÔME DE STÉNOTYPISTE DE CONFÉRENCE, UNE LICENCE EN DROIT, UN DEUG D'ALLEMAND, UNE MAÎTRISE D'ANGLAIS, ET UN DOCTORAT DE JAPONAIS.

Réplique originale :
« Parfait ! Allez me préparer un café. »

3. COMPRENDRE UNE PETITE ANNONCE

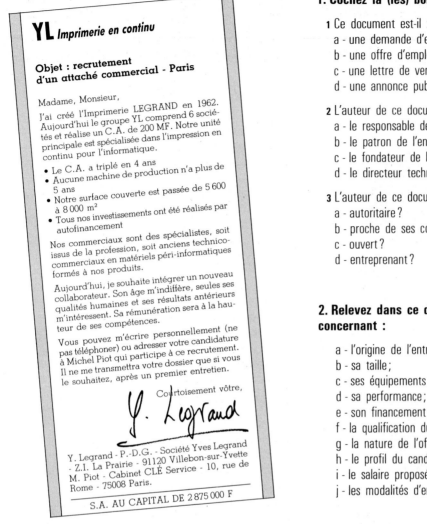

YL *Imprimerie en continu*

**Objet : recrutement
d'un attaché commercial - Paris**

Madame, Monsieur,

J'ai créé l'Imprimerie LEGRAND en 1962.
Aujourd'hui le groupe YL comprend 6 sociétés et réalise un C.A. de 200 MF. Notre unité
principale est spécialisée dans l'impression en
continu pour l'informatique.

• Le C.A. a triplé en 4 ans
• Aucune machine de production n'a plus de
  5 ans
• Notre surface couverte est passée de 5 600
  à 8 000 m²
• Tous nos investissements ont été réalisés par
  autofinancement

Nos commerciaux sont des spécialistes, soit
issus de la profession, soit anciens technico-
commerciaux en matériels péri-informatiques
formés à nos produits.

Aujourd'hui, je souhaite intégrer un nouveau
collaborateur. Son âge m'indiffère, seules ses
qualités humaines et ses résultats antérieurs
m'intéressent. Sa rémunération sera à la hau-
teur de ses compétences.

Vous pouvez m'écrire personnellement (ne
pas téléphoner) ou adresser votre candidature
à Michel Piot qui participe à ce recrutement.
Il ne me transmettra votre dossier que si vous
le souhaitez, après un premier entretien.

Courtoisement vôtre,

Y. Legrand

Y. Legrand - P.-D.G. - Société Yves Legrand
- Z.I. La Prairie - 91120 Villebon-sur-Yvette
M. Piot - Cabinet CLÉ Service - 10, rue de
Rome - 75008 Paris.

S.A. AU CAPITAL DE 2 875 000 F

1. Cochez la (les) bonne(s) réponse(s).

1 Ce document est-il :
a - une demande d'emploi ?
b - une offre d'emploi ?
c - une lettre de vente ?
d - une annonce publicitaire ?

2 L'auteur de ce document est-il :
a - le responsable de l'agence de recrutement ?
b - le patron de l'entreprise ?
c - le fondateur de l'entreprise ?
d - le directeur technique ?

3 L'auteur de ce document est-il :
a - autoritaire ?
b - proche de ses collaborateurs ?
c - ouvert ?
d - entreprenant ?

**2. Relevez dans ce document les indications
concernant :**

a - l'origine de l'entreprise ;
b - sa taille ;
c - ses équipements ;
d - sa performance ;
e - son financement ;
f - la qualification du personnel ;
g - la nature de l'offre d'emploi ;
h - le profil du candidat souhaité ;
i - le salaire proposé ;
j - les modalités d'entrée en contact.

4. ENGAGER UN EMPLOYÉ

1. Faites correspondre les éléments de la 1re colonne et ceux de la 2e :

OPÉRATIONS EFFECTUÉES A L'OCCASION D'UN ENGAGEMENT	MOYENS POUR LES EFFECTUER
1 - Proposer un poste.	a - Avoir un entretien avec lui.
2 - Se porter candidat.	b - Lui demander des références.
3 - Connaître le candidat.	c - Faire paraître une petite annonce dans la presse.
4 - Évaluer les compétences professionnelles du candidat.	d - Lui demander un curriculum vitae.
5 - Connaître le profil du candidat.	e - Adresser une lettre de candidature.
6 - Connaître les performances passées du candidat.	f - Lui faire passer un test.

2. Construisez des phrases sur le modèle suivant :

Exemple (1 - c) :
Une entreprise fait paraître une petite annonce dans la
presse pour (afin de) proposer un poste.

A vous !...

SECTION 2 : TROUVER UN EMPLOI

1. CATHERINE CHERCHE UN EMPLOI

Relevez, dans le texte, les phrases qui se rapportent à chacune des quatre photos :

CATHERINE, 19 ANS : J'AI DES PROJETS PLEIN LA TÊTE.

Catherine a 19 ans. Elle vient de passer son bac avec succès. Et pourtant elle décide de ne pas poursuivre ses études. « Aller jusqu'au bac et s'arrêter, c'est complètement idiot », lui disent ses parents. Peut-être, mais Catherine, elle en a franchement assez des études et du lycée. Non, ce qu'elle veut, c'est travailler, « gagner sa vie », « être indépendante ».

Trouver un emploi aujourd'hui ? Plus facile à dire qu'à faire. Pourtant courageusement elle se lance dans l'aventure. A 7 heures chaque matin elle descend acheter le journal, consulte les offres d'emploi et dès 9 heures elle décroche le téléphone. « Allô, j'appelle pour l'emploi de vendeuse. » « Désolé, le poste est déjà pris. »

Catherine a passé plus d'une centaine de coups de fil, a écrit une soixantaine de lettres. Les réponses étaient presque toutes les mêmes : le poste venait d'être occupé, elle était trop jeune, elle manquait d'expérience...

Pourtant un jour elle est convoquée ; elle se rend en banlieue pour le rendez-vous. « Quand je suis arrivée, il y avait une queue d'au moins 60 personnes pour le poste. Je suis repartie aussitôt. Ça m'a coûté une demi-journée, plus une amende dans le train, parce que je n'avais pas de billet. »

Désespérée, Catherine ? Pas du tout : « D'abord, j'ai des idées plein la tête. Et puis je ne suis pas la seule au chômage. A mon âge, c'est une situation bien partagée. »

2. DANS UN BUREAU DE PLACEMENT

L'employé interroge Monsieur J.-P. THOMAS qui est venu s'inscrire pour un emploi.

Les questions ont été effacées. Il ne reste plus que les réponses.
A vous de retrouver les questions.

1 - Q - .... ?
  R - Jean-Paul Thomas.
2 - Q - .... ?
  R - Je suis représentant.
3 - Q - .... ?
  R - Dans une société qui vend des articles de cuir.
4 - Q - .... ?
  R - J'y suis resté cinq ans.
5 - Q - .... ?
  R - J'ai trente et un ans.

6 - Q - .... ?
  R - Parce que je n'avais aucune chance d'obtenir une promotion.
7 - Q - .... ?
  R - Environ 10 000 F par mois.
8 - Q - .... ?
  R - Non, plutôt mal payé.
9 - Q - .... ?
  R - Oui, un peu l'italien.

3. COMPARER LES PETITES ANNONCES

Voici trois petites annonces. Comparez-les en complétant le tableau ci-dessous :

ANNONCE 1

Importante société de services spécialisée dans le nettoyage industriel recherche pour son siège social à Paris un

CHEF COMPTABLE

– âgé de 30 à 35 ans ;
– titulaire d'un B.T.S. comptable ;
– expérience réussie de 5 années minimum dans la fonction.

Au sein d'un service comptable entièrement informatisé, il aura pour mission :
– de tenir la comptabilité générale et analytique ;
– d'établir les déclarations fiscales et le bilan.

Rémunération de 140 000 F annuels.
+
Restaurant d'entreprise.
Merci d'adresser lettre manuscrite + C.V. + photo à Corec Consul 22, av. de Choisy – 75013 Paris, qui transmettra.

ANNONCE 2

La filiale française d'une société américaine leader sur le marché de l'informatique siège social : Paris 16e recherche une

SECRÉTAIRE BILINGUE

(français-anglais)

pour traiter et suivre les dossiers administratifs au sein du service du personnel.

– Vous avez au moins 25 ans, le B.T.S. de secrétariat de direction et quelques années d'expérience.
– Vous avez une bonne connaissance du traitement de texte et de la sténo.
– Vous êtes dynamique et avez des qualités d'organisation et de rigueur.
– Vous voulez travailler dans un cadre agréable et gagner :
9 500 F × 13

Alors adressez votre C.V., photo et prétentions à I.L.C., 16 rue de Sorins 92000 - Nanterre

ANNONCE 3

Fabricant français d'appareillage électrique recherche pour secteur parisien :

REPRÉSENTANT

– 20 ans minimum ;
– ayant le goût des contacts ;
– niveau de culture générale satisfaisant ;
– excellente présentation ;
– capable de gérer et développer la clientèle ;
– véhicule indispensable.

Frais remboursés + fixe + important intéressement.

Contactez-nous au 45 39 87 03 - Mme Vaguier - poste 542.

	Annonce 1	Annonce 2	Annonce 3
INFORMATIONS SUR L'ENTREPRISE – nom – localisation – activité			
INFORMATIONS SUR LE POSTE PROPOSÉ – titre du poste – activités – salaire et avantages			
INFORMATIONS SUR LE CANDIDAT RECHERCHÉ – âge – qualifications – expérience professionnelle – qualités demandées – langues étrangères			
ENTRÉE EN RELATIONS (directement ou par un intermédiaire, lequel ?)			

4. JEU DE RÔLES

Vous téléphonez à une de vos amies qui recherche un emploi de secrétaire pour lui signaler l'annonce 2.
Vous lui indiquez l'essentiel de son contenu.

SECTION 3 : POSER SA CANDIDATURE

1. OFFRIR SES SERVICES A UN EMPLOYEUR

Il existe plusieurs méthodes pour contacter l'entreprise et offrir ses services :

A - Rédiger une lettre en réponse à une petite annonce.
B - Téléphoner en réponse à une petite annonce.
C - Publier une petite annonce dans la presse.

D - Rédiger une lettre de candidature spontanée.
E - Utiliser ses relations.
F - Entrer directement en contact avec l'employeur.

Voici des extraits de quelques offres de services. Dites à quelle méthode chacune de ces offres se rapporte.

1 | J'ai appris, par un article du dernier numéro de *Valeurs Économiques,* le récent développement de votre société et ses brillants résultats obtenus à l'exportation. J'aimerais faire partie de votre équipe commerciale pour participer à l'expansion de votre entreprise...

3 | En référence à votre annonce parue dans *Le Progrès* du 25/11/19... je me permets de poser ma candidature au poste de chef des ventes dans votre société ...

4 | « Je me suis permis de venir vous voir car j'ai appris que vous engagiez actuellement des représentants pour la région du Sud-Ouest... »

2 | J'ai appris par l'intermédiaire de Monsieur Dupont, administrateur dans votre société, que vous recherchiez un comptable expérimenté. Je pense avoir les compétences demandées pour remplir cette fonction. Aussi aimerais-je obtenir un rendez-vous...

5 | « Je vous appelle au sujet de l'annonce que vous avez fait paraître dans le journal *Le Soir* pour le poste de vendeuse... »

6 |
JF 27 ans
Exp. communication
grande entreprise internationale
+ relation presse et gestion
d'entreprises culturelles
cherche poste intégré
**dans communications internes
ou relations extérieures**
Tél. : 12.77.32.63

2. RÉDIGER UNE LETTRE DE CANDIDATURE

**La lettre suivante a été rédigée par Christine Desbois en réponse à l'annonce n° 2 p. 5.
Les paragraphes ont été mis dans le désordre.
A vous de rétablir le bon ordre.**

a- Vous trouverez ci-joint mon curriculum vitae ainsi que les photocopies de mes diplômes.

b- Monsieur le chef du personnel,

c- En effet, mes emplois précédents m'ont permis d'acquérir une bonne maîtrise du traitement de texte et de la sténographie y compris en anglais et de mettre à profit mon sens de l'organisation.

d- Je pense répondre aux conditions exigées.

e- En espérant que ma candidature retiendra votre attention

f- Paris, le 12 mai 19..

g- Je reste à votre disposition pour vous fournir les renseignements complémentaires que vous pourriez souhaiter.

h- Je vous prie de croire, Monsieur le chef du personnel, à mes sentiments respectueux.

i- En référence à votre annonce parue dans "Le Monde" du 8 mai 19.. Je me permets de solliciter le poste de secrétaire bilingue dans votre société.

C. Desbois

3. PRÉSENTER UN CURRICULUM VITAE

Christine DESBOIS

née le 18 novembre 19..
mariée : 1 enfant.

adresse : 11, avenue Gambetta
          33200 Bordeaux
téléphone : 56.63.48.92

Formation

19.. : Baccalauréat
19.. : B.T.S. de secrétariat de direction bilingue
19.. : Diplôme de la Chambre de Commerce britannique.

Expérience professionnelle

19.. : Stage de 3 mois au service des achats de la
       société La Redoute, 59100 Roubaix.
19.. : Secrétaire bilingue au service des relations
       publiques de la société Luminarc, 3, rue Larsot,
       56000 Vannes. Préparation des séminaires. Rela-
       tions avec les clients et la presse.
19.. : Secrétaire du directeur général. Banque La Hénin -
       18, avenue de l'Opéra, 75002 Paris. Gestion de la
       clientèle de particuliers et d'entreprises.

Langues

Anglais : lu, parlé, écrit.
          Deux séjours d'un mois en Angleterre.
Espagnol : des notions.

1. Vous avez reçu le curriculum vitae présenté ci-dessus. Indiquez, d'après ce document, quelles sont les qualités d'un curriculum vitae :

2. Vous devez écrire, pour un journal, un court article dans lequel vous donnez des conseils pour la rédaction d'un C.V.

Pour vous aider, utilisez les expressions suivantes :

– Un C.V. doit ...   – N'oubliez pas ...
– Il vaut mieux ...   – Il faut ...
– Précisez bien ...

	VRAI	FAUX
1 - Dans un curriculum vitae, il faut tout dire : les bonnes et les mauvaises choses.		
2 - Un C.V. doit être facile à lire et à comprendre.		
3 - Un C.V. doit toujours être manuscrit.		
4 - Un C.V. doit toujours être accompagné d'une photographie du candidat.		
5 - Le candidat doit fournir des renseignements sur : a. sa situation matrimoniale ;		
b. le nom de ses amis ;		
c le nom et l'adresse de ses employeurs précédents ;		
d. ses lectures préférées ;		
e. les langues étrangères qu'il parle ;		
f. son objectif professionnel ;		
g. son expérience professionnelle ;		
h. ses diplômes.		

SECTION 4 : SE PRESENTER POUR UN ENTRETIEN

JE SAIS CE QUE JE VEUX
Écoutez (ou lisez) ce dialogue.

1. L'ENTRETIEN D'EMBAUCHE

**1. Les différentes étapes d'un entretien d'embauche
ont été mises dans le désordre.
A vous de rétablir l'ordre chronologique.**

a - Demander au candidat pourquoi il a posé sa candidature.
b - L'inviter à s'asseoir.
c - Lui poser des questions sur certains points du curriculum vitae
qui vous intéressent.
d - Le remercier et prendre congé.
e - Accueillir le candidat, le saluer.
f - Lui demander s'il souhaite aborder d'autres points.
g - Présenter le poste le plus clairement possible, en répondant
aux questions éventuelles du candidat.
h - Lui fixer un délai pour votre réponse définitive.
i - Faire un résumé de ce qu'il vous a dit.
j - Expliquer le but de l'entretien.

**2. Trouver les phrases de l'interviewer
correspondant à chacune de ces étapes.**

Exemple : 1 - (e) :
« Bonjour, monsieur, très heureux de vous rencontrer... »
A vous !...

3. Jeu de rôles.

**Vous êtes dans le bureau du chef du personnel et vous
recevez un candidat à un poste vacant dans votre
entreprise.
Inspirez-vous du document « Je sais ce que je veux. »**

2. LES QUESTIONS DE L'ENTRETIEN

1. Écoutez (ou lisez) les questions les plus fréquemment posées lors d'un entretien et classez-les dans le tableau ci-dessous en mettant une croix dans la bonne colonne.

	a - motifs de la candidature ;	b - passé professionnel du candidat ;	c - sa personnalité ;	d - ses projets de carrière ;	e - son comportement au travail ;	f - sa formation ;	g - salaire souhaité.
1 - Pourquoi avez-vous répondu à notre annonce ?							
2 - Quelle est votre formation ?							
3 - Qu'est-ce qui vous attire dans cet emploi ?							
4 - Que savez-vous de notre société, de nos produits, de notre marché ?							
5 - Quelle est votre expérience professionnelle ?							
6 - Pourquoi voulez-vous quitter votre employeur actuel ?							
7 - Êtes-vous prêt à voyager pour ce poste ?							
8 - Aimez-vous les responsabilités ?							
9 - Avez-vous une voiture ? Savez-vous conduire ?							
10 - Quelles sont vos plus grandes qualités ? Quel est votre principal défaut ?							
11 - Préférez-vous travailler seul ou en équipe ?							
12 - Quelles sont vos activités extra-professionnelles ?							
13 - Quel genre de patron aimeriez-vous avoir ?							
14 - Quel est votre plan de carrière ?							
15 - Combien désirez-vous gagner ?							
16 - Parlez-vous une ou plusieurs langues ?							
17 - Avez-vous une question à me poser ?							

2. Un candidat très peu sérieux et même impertinent a répondu aux questions. Faites correspondre les réponses aux questions posées :

a - Oui, quand ce sont les autres qui les prennent pour moi ;
b - En équipe, mais ça dépend avec qui ;
c - Devenir le plus rapidement possible P.-D.G ;
d - Le nombre de jours de congés payés et le temps libre ;
e - Je sais tout sur la recherche d'un emploi ;
f - Mon plus grand défaut est de ne pas m'en trouver ;
g - Parce qu'elle était drôle ;
h - Quelqu'un qui me laisse faire ce que je veux ;
i - Oui, combien gagnez-vous pour le travail que vous faites ?
j - Parce qu'il n'est pas d'accord avec moi ;
k - Le maximum bien sûr, mais au moins autant que vous ;
l - On m'a donné le baccalauréat l'année dernière ;
m - Absolument rien ;
n - Oui, surtout dans les pays chauds et ensoleillés ;
o - La pêche et la sieste ;
p - Oui, une voiture de sport à deux places ;
q - Vous savez, il faut bien que les interprètes servent à quelque chose.

3. Si vous deviez répondre « sérieusement » à ces dix-sept questions, que diriez-vous ?

POUR DIRE SA COMPÉTENCE OU SON INCOMPÉTENCE

- Tout d'abord pouvez-vous rédiger des lettres de vente ?
  - Oui, je fais ça { très bien / sans problème / sans difficulté
- Serez-vous capable de parler en public ?
  - Non, je crois que { je n'y arriverai jamais / j'en serai incapable
- Saurez-vous également traiter ce dossier ?
  - Non, ce n'est pas de { mon domaine / ma compétence
- Vous sera-t-il possible de prendre de telles décisions ?
  - Oui, c'est dans { mes possibilités / mes capacités
- Finalement, êtes-vous suffisamment qualifié pour diriger ce service ?
  - Bien sûr, j'ai { les compétences / les qualifications } { pour le faire

SECTION 5 : TROUVER LE CANDIDAT IDEAL

1. COMPARER DEUX CANDIDATURES

Deux candidats qui ont répondu à l'annonce ci-contre ont été convoqués pour un entretien avec le directeur du personnel.

1. Écoutez (ou lisez) les deux dialogues et complétez le tableau ci-dessous.

2. Quel est, d'après vous, le candidat qui convient le mieux au poste proposé? Pourquoi?

> **IMPORTANTE SOCIÉTÉ DE DISTRIBUTION DE PRODUITS DE BEAUTÉ**
> **recherche**
> **un(e) jeune VENDEUR(SE)**
> Expérience et connaissance de l'espagnol souhaitées. Sens des contacts. Sérieux. Dynamique. Bonne présentation. Poste à pourvoir rapidement.
> Écrire : lettre manuscrite, C.V., photo et prétentions au journal réf. : (53809) qui transmettra.

DIALOGUE 1

Le Directeur : Entrez, mademoiselle. Je vous remercie d'avoir répondu à notre annonce.

Mlle Lefèvre : Bonjour, Monsieur.

Le Directeur : Bien. Je reprends votre dossier.
Je vois que vous avez 22 ans, un diplôme de secrétariat et des notions d'espagnol. Quel est votre niveau d'espagnol?

Mlle Lefèvre : Je parle assez bien. J'ai passé un an à Madrid dans une famille et j'ai un diplôme de la Chambre de Commerce d'Espagne.

Le Directeur : Vous êtes vendeuse depuis un an. Mais qu'est-ce que vous vendez?

Mlle Lefèvre : Je suis vendeuse dans un grand magasin au rayon parfumerie et je vends toutes sortes de produits de beauté. Je donne des conseils aux clientes quand elles en demandent. J'aime beaucoup ces contacts avec la clientèle.

Le Directeur : Pourquoi voulez-vous quitter votre emploi?

Mlle Lefèvre : Je viens de changer d'appartement et je voudrais travailler plus près de chez moi. D'autre part, j'aimerais trouver une entreprise dynamique où j'aurais des possibilités de promotion.

Le Directeur : Quand pourriez-vous être libre?

Mlle lefèvre : Je serai disponible dans 2 mois.

Le Directeur : Bien. Je vous remercie, Mlle Lefèvre. Je vous écrirai.

DIALOGUE 2

Le Directeur : Bonjour, monsieur, asseyez-vous.

M. Lemoine : Bonjour, Monsieur le Directeur.

Le Directeur : Monsieur Lemoine, votre candidature nous intéresse. Voyons... vous avez 25 ans, vous êtes marié sans enfants, vous avez fait une école de commerce et vous avez des notions d'espagnol. Vous êtes représentant en produits de beauté. Pourquoi voulez-vous travailler dans notre société?

M. Lemoine : Mon travail m'oblige à me déplacer en permanence. Je vais bientôt être père et je recherche un poste plus stable.

Le Directeur : Je comprends. Quelles sont vos relations avec vos clients?

M. Lemoine : Excellentes. J'ai toujours aimé les contacts avec les gens.

Le Directeur : Depuis combien de temps travaillez-vous?

M. Lemoine : Ça fait 6 ans. J'ai commencé par vendre des livres à domicile et depuis 3 ans, je travaille comme représentant en produits de beauté dans toute la France.

Le Directeur : Quand pourriez-vous commencer à travailler?

M. Lemoine : Je suis dès maintenant à votre disposition.

	Dialogue 1	Dialogue 2
• nom		
• âge		
• formation		
• langue		
• expérience		
• personnalité		
• raisons de la demande		

2. QUE RÉPONDRIEZ-VOUS A CET EMPLOYEUR?

1. Sur le modèle ci-dessous, construisez des phrases en utilisant les éléments des deux tableaux suivants.

Modèle :
– Vous êtes beaucoup trop jeune.
– Oui, *il est vrai que* je suis jeune, *mais justement* je pourrai plus facilement m'adapter à ce travail.

RAISONS DU REFUS	ARGUMENTS A OPPOSER
Vous êtes beaucoup trop jeune.	Je pourrai plus facilement m'adapter à ce travail.
Vous n'avez pas une très grande expérience en comptabilité.	J'ai une bonne formation dans ce domaine.
Vous êtes relativement trop âgé(e) pour ce poste.	J'ai beaucoup d'expérience dans la branche.
Vous n'avez pas suffisamment de qualifications pour ce poste.	J'ai la volonté de réussir.
Vous avez beaucoup trop de diplômes pour ce poste.	Ce travail m'intéresse tout particulièrement.
Vous avez souvent changé d'employeur.	J'ai obtenu un meilleur poste à chaque fois.

POUR...	
FAIRE DES CONCESSIONS	**EXPRIMER SON OPPOSITION**
• Oui, il est vrai que...	mais justement...
• Il est exact que...	pourtant...
• Je reconnais...	il n'empêche que...
• Certes...	cela dit...
• Effectivement...	mais...
• Oui, j'admets que...	toutefois...
• Vous avez raison...	cependant...

2. *Dans un entretien de sélection, l'interviewer pose des questions à l'interviewé(e) pour connaître son caractère et sa personnalité.*

Retrouvez la question correspondant à chaque trait de personnalité :

QUESTIONS POSÉES	TRAITS DE PERSONNALITÉ
1 - A votre avis, connaîtrons-nous une Troisième Guerre mondiale ?	a - Aimer le risque.
2 - Pensez-vous à prendre une assurance risques avant de partir en vacances ?	b - Être anxieux(se).
3 - Est-ce que l'on perd son temps en organisant chaque soir la journée du lendemain ?	c - Être sûr(e) de soi.
4 - Un vendeur a 100 paquets à numéroter. Combien de fois inscrira-t-il le chiffre 9 ?	d - Être organisé(e), méthodique.
5 - Préférez-vous un emploi sûr mais moyennement rémunéré à un emploi risqué mais très bien payé ?	e - Être courageux(se).
6 - Doutez-vous souvent de vos possibilités ?	f - Faire preuve d'intelligence.
7 - Vous levez-vous sans difficulté le matin ?	g - Être prudent(e), prévoyant(e).

3. Quelles questions poseriez-vous à l'interviewé(e) pour connaître les qualités suivantes ?

a - être ponctuel(le) (être à l'heure) ;
b - avoir l'esprit d'équipe ;
c - être économe ;
d - s'adapter au changement ;
e - avoir confiance en soi ;
f - avoir le sens des contacts humains ;

g - être discret(ète) ;
h - être ambitieux(euse).

4. Supposons que vous soyez l'interviewé(e). Que répondriez-vous aux questions de l'activité 2 ? Vous pouvez illustrer vos réponses par des exemples.

TRAVAILLER

SECTION 1 : S'INFORMER SUR LE TRAVAIL

1. JEU : QUEL EST MON TRAVAIL?

1. Un membre de votre groupe mime les actions qu'il ferait dans l'emploi de ses rêves. Les autres essayent de trouver de quel travail il s'agit.
Vous pouvez seulement répondre aux questions par « oui » ou « non ». Vous avez droit à 20 questions.

Pour vous aider à commencer le jeu :

Devez-vous...
- rencontrer beaucoup de gens?
- avoir une qualification particulière?
- parler une langue étrangère?
- beaucoup parler?
- donner des ordres aux autres?
- conduire une voiture?
- porter un uniforme?
- parler en public?

Travaillez-vous...
- dans un bureau?
- à domicile?
- dans une grande société?
- à l'extérieur?
- le week-end?
- seul(e)?
- à des heures régulières?
- ...

Devez-vous être...
- jeune?
- patient(e)?
- fort physiquement?
- organisé(e)?
- ambitieux(se)?
- énergique?
- créatif(ve)?
- ...

---

2. A la fin du jeu, complétez les phrases ci-contre pour caractériser le travail que vous avez découvert :

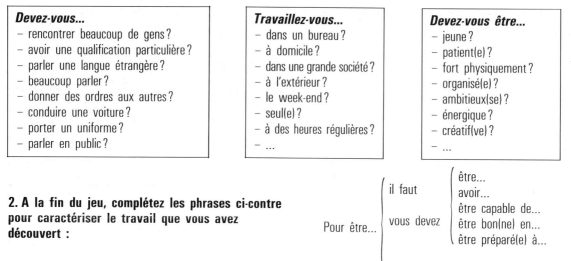

Pour être...
il faut être...
avoir...

vous devez être capable de...
être bon(ne) en...
être préparé(e) à...

vous avez besoin de...

2. POSER DES QUESTIONS SUR LE TRAVAIL

1. *Anne-Marie vient de commencer un nouveau travail. Elle cherche à s'informer auprès de sa collègue.*
***a)* Quelles questions lui pose-t-elle? A vous de reconstituer les questions d'Anne-Marie.**
***b)* Faites correspondre les réponses de la collègue aux questions posées par Anne-Marie.**

QUESTIONS			RÉPONSES
1 - Qui	A - puis-je	a - par mois?	I - 8 500 F par mois.
2 - Où	B - est	b - quitter le bureau?	II - La première porte à droite dans le couloir.
3 - A quelle heure	C - se trouve	c - ici?	III - Ça fait presque 18 ans.
4 - A quoi	D - prenons-nous	d - le bureau du directeur?	IV - C'est monsieur Dubareau.
5 - Depuis combien de temps	E - gagnez-vous	e - notre patron?	V - A 17 heures.
6 - Combien	F - travaillez-vous	f - cette machine?	VI - Soit au mois de juillet, soit au mois d'août.
7 - A quel moment de l'année	G - sert	g - les vacances?	VII - A envoyer des télex à nos clients.

2. Voici des phrases extraites d'un questionnaire sur le personnel d'une entreprise. Faites correspondre les deux membres de phrase qui conviennent.

1 - L'âge moyen du personnel	a - sont-elles bonnes ?
2 - Existe-t-il un système	b - les conditions de travail ?
3 - Les objectifs sont-ils	c - mobilité du personnel ?
4 - Cherche-t-on à améliorer	d - avec les représentants du pesonnel ?
5 - Y a-t-il souvent des négociations	e - rationnel d'évaluation du personnel ?
6 - Les relations du personnel avec la direction	f - est-il inférieur à 40 ans ?
7 - Le personnel a-t-il la possibilité	g - un facteur important de promotion ?
8 - L'absentéisme est-il	h - bien définis ?
9 - L'ancienneté est-elle	i - en diminution, en augmentation ou sans changement ?
10 - L'entreprise connaît-elle une très grande	j - de poursuivre sa formation au sein de l'entreprise ?

3. AVOIR LES QUALITÉS POUR...

1. Dans le tableau suivant, indiquez par une croix les deux qualités qui paraissent essentielles pour chacun des postes mentionnés.

QUALITÉS \ POSTES	Directeur général	Caissière	Secrétaire du directeur	Vendeuse dans un institut de beauté	Chef des ventes	Chercheur	Responsable du personnel
1 - aptitude au commandement							
2 - honnêteté							
3 - discrétion							
4 - goût des chiffres							
5 - sens de la compétition							
6 - courtoisie envers les clients							
7 - esprit créatif							
8 - qualités d'animateur							
9 - disponibilité envers son patron							
10 - sens des responsabilités							
11 - aptitude à mener des négociations							
12 - rigueur intellectuelle							
13 - bonne présentation							
14 - aptitude à faire face à des situations de conflit							

2. A vous de trouver les qualités nécessaires aux personnes qui occupent les postes suivants (vous pouvez vous servir du dictionnaire) :

- un comptable
- un chef de publicité
- un acheteur
- une institutrice
- une psychologue
- un représentant
- un contremaître
- une avocate
- un chauffeur de camion
- un contrôleur de gestion

SECTION 2 :
DÉTERMINER LES MOTIVATIONS AU TRAVAIL

1. POURQUOI TRAVAILLEZ-VOUS?

Lors d'une interview, les salariés d'une entreprise ont répondu à la question suivante : « Qu'est-ce qui vous intéresse le plus dans votre travail ? »

Écoutez (ou lisez) chacune des treize réponses, puis retrouvez dans la colonne de droite la motivation correspondante.

Le montant de mon salaire est convenable

RÉPONSES	MOTIVATIONS
1 - « Je gagne plutôt bien ma vie. »	a - Sécurité de l'emploi
2 - « J'ai une certaine liberté pour organiser mon travail, car mon chef me fait confiance. »	b - Bonne ambiance
3 - « Je suis plutôt fier d'appartenir à cette société. »	c - Exercice de responsabilités
4 - « En tant que responsable de mon département, je peux prendre des initiatives. »	d - Intérêt et utilité du travail
5 - « J'ai toujours rêvé de faire ce métier. »	e - Rémunération intéressante
6 - « Là, au moins, je ne risque pas d'être licencié. »	f - Compétence des responsables
7 - « Mon travail m'intéresse et je fais quelque chose d'utile. »	g - Reconnaissance des mérites
8 - « J'apprends beaucoup de choses ici et j'ai la possibilité de faire carrière. »	h - Possibilité de faire des suggestions
9 - « Mon patron est quelqu'un de très bien. »	i - Indépendance dans le travail
10 - « Quand le travail est bien fait, on nous le dit. »	j - Conditions de travail intéressantes
11 - « Je me sens à l'aise dans mon groupe où nous formons une bonne équipe. »	k - Possibilités de promotion et de perfectionnement
12 - « Mon patron accueille très bien mes propositions. »	l - Bonne réputation de l'entreprise (ou de la profession)
13 - « Le travail n'est pas fatigant, j'ai de nombreux avantages en nature et puis surtout c'est tout près de chez moi. »	m - Bonne adaptation aux aptitudes et aux goûts personnels

2. CLASSER

Ces 13 motivations correspondent à 5 besoins fondamentaux de tout individu. Indiquez en face de chacun de ces 5 besoins les numéros correspondants des motivations énumérées dans le tableau précédent.

BESOIN DE SÉCURITÉ
stabilité de l'emploi, sécurité matérielle et financière

BESOIN D'ACCOMPLISSEMENT
avoir des initiatives, créer, mettre en œuvre ses aptitudes

BESOIN D'AUTONOMIE
liberté d'action

BESOIN DE CONSIDÉRATION
être reconnu(e) compétent(e)

BESOIN D'APPARTENANCE
se sentir aimé(e), accepté(e), utile

3. DIRE LE CONTRAIRE

Si les 13 personnes interviewées avaient été très mécontentes de leur emploi, quelles déclarations auraient-elles faites ?

4. COMPARER

Le travail idéal n'existe peut-être pas, mais certains emplois sont plus intéressants que d'autres.

Comparez les avantages et les inconvénients de quelques métiers que vous connaissez bien en vous aidant des éléments donnés ci-dessous :

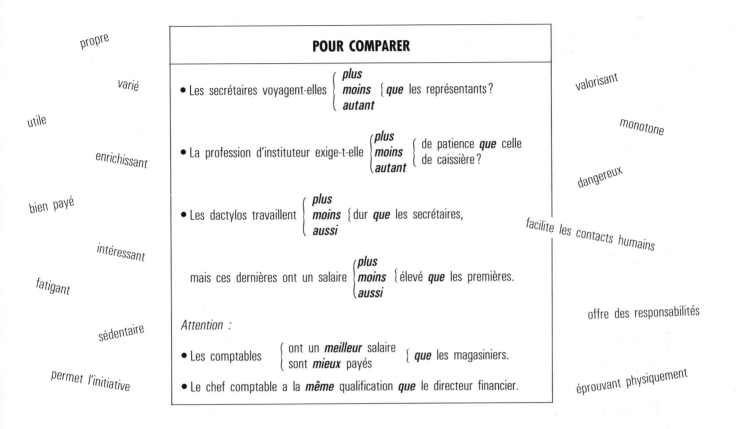

propre

varié

utile

enrichissant

bien payé

intéressant

fatigant

sédentaire

permet l'initiative

valorisant

monotone

dangereux

facilite les contacts humains

offre des responsabilités

éprouvant physiquement

POUR COMPARER

- Les secrétaires voyagent-elles { *plus* / *moins* / *autant* } { *que* les représentants ?

- La profession d'instituteur exige-t-elle { *plus* / *moins* / *autant* } { de patience *que* celle de caissière ?

- Les dactylos travaillent { *plus* / *moins* / *aussi* } { dur *que* les secrétaires,

  mais ces dernières ont un salaire { *plus* / *moins* / *aussi* } { élevé *que* les premières.

Attention :

- Les comptables { ont un *meilleur* salaire / sont *mieux* payés } { *que* les magasiniers.

- Le chef comptable a la *même* qualification *que* le directeur financier.

5. PERSUADER

Vous écrivez à un(e) ami(e) pour le/la pousser à demander un emploi dans votre société.

Essayez de le/la persuader que cet emploi est meilleur que celui qu'il/elle occupe actuellement en lui montrant tous les avantages du poste.

6. DÉCRIRE

Quel serait pour vous le travail idéal ? Décrivez-le dans un court texte.

7. DONNER SON OPINION

Travailler, c'est...	
– gagner sa vie	69,7 %
– s'occuper	59,3
– prendre plaisir à son métier	57,7
– apprendre	57,6
– acquérir un savoir-faire	55,4
– se réaliser pleinement	51,3
– retrouver des copains	40,5
– être coupé des copains	20,2
– être un numéro, un robot	14,3
– s'épuiser physiquement	12,2
– enrichir un patron	11,5
– attendre, s'ennuyer	6,7
– s'épuiser mentalement	7,9
– produire pour la France	4,7
C.C.A.	

Et pour vous, travailler c'est quoi ?

SECTION 3 : REUSSIR SA CARRIERE

1. DES CONSEILS

1. LESQUELS?

Voici une série de conseils donnés à un(e) jeune diplômé(e) désireux(se) de réussir rapidement sa carrière : certains sont sérieux, d'autres sont des pièges à éviter, d'autres enfin sont farfelus (un peu fous). Classez-les en mettant une croix dans la bonne colonne.

	conseils sérieux	pièges à éviter	conseils farfelus
1 - Travailler beaucoup, « bosser ».			
2 - Changer d'entreprise tous les 6 mois.			
3 - Savoir s'adapter.			
4 - Avoir des relations amoureuses avec son(sa) patron(ne).			
5 - Avoir la volonté de réussir.			
6 - Organiser beaucoup de réunions, cela permet d'être assis et de se reposer.			
7 - Savoir travailler en équipe.			
8 - Privilégier sa vie privée au détriment de sa vie professionnelle.			
9 - Savoir changer de région.			
10 - Faire de la politique dans l'entreprise.			
11 - Ne jamais se déplacer sans un porte-document bien rempli; au besoin y mettre de vieux journaux.			
12 - Chercher à mettre à jour ses connaissances.			
13 - Bien choisir son entreprise, son secteur.			
14 - Avoir toujours l'air pressé, courir dans les couloirs pour paraître dynamique.			
15 - Avoir de la personnalité.			
16 - Aimer ce que l'on fait.			
17 - Être très exigeant(e) en matière de salaire.			
18 - Avoir des idées originales qui soient les mêmes que celles du patron.			
19 - Rester toute sa vie dans la même entreprise.			
20 - Faire semblant de tout savoir sur tout.			

2. JEU DE RÔLES.

Vous voulez aider un(e) ami(e), jeune cadre, qui veut réussir sa carrière.
Donnez-lui des conseils en utilisant les éléments suivants :

POUR CONSEILLER	POUR DÉCONSEILLER
• Je te conseille de • Il faut • Il faudra • Il vaut { mieux • Il vaudrait • Tu dois } beaucoup travailler • Tu devras • Tu as intérêt à • Tu aurais intérêt à • Il n'y a qu'à • Tu n'as qu'à	• Je te déconseille de • Il ne faut pas • Il ne faudra pas • Il vaut mieux ne pas • Il vaudrait mieux ne pas • Tu ne dois pas } faire de la politique • Tu ne devras pas • Tu n'as pas intérêt à • Tu n'auras pas intérêt à • Tu aurais tort de • Ce n'est pas la peine de
• Travaille beaucoup	• Surtout ne fais pas de politique

2. LA RUMEUR

La rumeur est une nouvelle, d'origine inconnue, qui circule dans le public... et même dans les entreprises!
« Cette nouvelle n'est pas sûre, c'est seulement une rumeur. »

Bertin **aimerait bien** devenir chef de service

Bertin **pourrait bien** devenir chef de service

Il se pourrait bien que Bertin devienne chef de service

Il paraît que Bertin **va** être nommé chef de service

Bertin **va peut-être** être nommé chef de service

Bertin **va sans doute** être nommé chef de service

Bertin **va probablement** être nommé chef de service

Il y a de fortes chances pour que Bertin soit nommé chef de service

Bertin **est nommé** chef de service

On m'a dit que...

J'ai entendu dire que...

Il m'a été dit que...

JEU DE RÔLES : C'EST FAUX.

On dit des choses bizarres sur vous. Quelqu'un de votre groupe vous demande des explications.
Vous démentez catégoriquement et essayez de persuader la personne que c'est faux.

– Vous sortez avec le fils/la fille du directeur.
– Vous avez versé des pots-de-vin pour obtenir un gros contrat.

– Vous allez quitter la société pour créer votre boîte.
– Vous allez prendre la place du directeur qui part en retraite.
– Vous faites circuler des rumeurs sur vos collaborateurs.
– Vous êtes licencié(e) pour faute professionnelle.
– Vous êtes tellement « radin » que vous contrôlez au centime près les factures de vos collaborateurs qui reviennent de voyage.

POUR DÉMENTIR
• Ce n'est pas vrai
• C'est absolument faux
• Non, ce n'est pas ça
• Vous vous trompez
• Vous faites erreur
• Il est tout à fait inexact de dire que...
• Ce que vous dites est sans fondement
• Comment pouvez-vous dire une chose pareille?
• Quelle preuve pouvez-vous apporter à ce que vous dites?
• Vous n'avez pas à { faire circuler de pareilles rumeurs / dire des choses pareilles.
• Non, contrairement à ce que vous { dites / laissez croire / voulez laisser croire / pensez.

La rumeur Tapie

*S*ur lui, on a tout dit. Et notamment que ses affaires périclitaient. Mais l'homme d'action s'est vite remis.
« *Bouygues et Dassault, auxquels j'en avais parlé, m'expliquèrent qu'eux aussi avaient été victimes de rumeurs. Comme eux, je n'ai pas jugé utile de démentir officiellement. De toute façon, le seul moyen de faire cesser une rumeur est de laisser les événements lui donner tort. Mais le bouche à oreille peut aussi avoir de bons côtés : il y a quelque temps, on m'a prêté l'intention de racheter Moulinex. En trois jours, l'action prenait 30 %.* » **C. D.** □

L'Express, 6/12 février 1987.

SECTION 4 : ANALYSER DES COMPORTEMENTS

1. QUELLES QUESTIONS FAUT-IL POSER?

Il n'est plus possible de travailler avec Joël

Jacques et Joël travaillent au service commercial dont vous êtes le responsable. Un jour, Jacques vous déclare qu'il n'est plus possible de travailler avec Joël.

Pour en savoir plus, vous posez à Jacques les questions suivantes :

1 - « Ah bon, que pensez-vous de lui? Comment le trouvez-vous? »

2 - « Pourquoi? Parce qu'il ne vous est pas sympathique ou parce que vous avez peur d'obtenir de mauvais résultats? »

3 - « Pourquoi dites-vous ça? Qu'est-ce qu'il a fait exactement? »

4 - « Qu'est-ce que vous voulez dire exactement? Vous voudriez qu'on le licencie ou qu'on le change de service? »

1. ORDONNER.

Quelles sont les questions qui portent sur :

a - les faits (ce qui est);
b - les sentiments (ce que l'on ressent);
c - les opinions (ce que l'on pense);
d - les intentions d'action (ce que l'on veut faire).

2. TROUVER LA BONNE RÉPONSE.

Jacques a répondu à vos questions. Faites correspondre ses réponses à vos questions :

a - « Eh bien voilà, c'est la 5e fois qu'il se trompe en 15 jours sur l'évaluation du stock. »

b - « Il n'est pas consciencieux. On ne peut pas lui faire confiance. »

c - « Non, mais il faut absolument qu'on se réunisse tous les trois et qu'on parle sérieusement du problème. »

d - « J'en ai assez de lui. Je ne peux plus supporter son mauvais caractère. »

3. POSER LA BONNE QUESTION.

• **Pour une communication plus efficace, il est préférable d'éviter de poser l'une de ces questions. Laquelle? Pourquoi?**

• **Pour les trois autres, il est préférable de les poser dans un certain ordre. Lequel?**

4. COMPLÉTER.

• **Vous n'avez pas trouvé les réponses!**
Pour les connaître, complétez le texte suivant avec les mots donnés dans le désordre : faits, intentions d'action, opinions, sentiments.

a - Les questions sur les . . . . ne permettent pas de faire avancer le dialogue. Elles ne sont que de simples interprétations de la réalité et il est difficile d'arriver à un accord.

b - Il vaut mieux commencer par des questions sur les . . . . qui pourront être constatés ou prouvés et qui permettent d'indiquer avec plus d'objectivité quelle est la situation exacte.

c - Ensuite, il est bon de chercher à connaître, par des questions sur les . . . . , ce que ressent votre interlocuteur; cela crée un climat de confiance.

d - Enfin des questions sur les . . . . font progresser vers une solution, en permettant à votre interlocuteur de dire ce qu'il veut faire.

• **N'oubliez pas que vous êtes le chef de service. Il vous reste, bien sûr, à donner votre propre solution.**

POUR INTERROGER	
sur les **sentiments**	sur les **intentions d'action**
• Seriez-vous *intéressé(e) par* un changement de poste? • Seriez-vous *intéressé(e) de* prendre un nouveau poste? • Êtes-vous *satisfait(e) de* votre travail? • Avez-vous *le sentiment de* progresser? • Avez-vous *peur d'*échouer? • *Craignez*-vous *d'*échouer?	• Que *comptes*-tu faire? • Que *penses*-tu faire? • Quelle *solution envisages-tu?* • Que *proposez*-vous? • Qu'avez-vous *envie de* faire? • Qu'avez-vous *décidé de* faire? • Quelle *décision* vas-tu prendre?
sur les **opinions**	sur les **faits**
• Que *penses*-tu *de* ton travail? • Ne *crois*-tu pas *que* tu as un bon poste? • *Trouves*-tu *que* tu gagnes bien ta vie? • *Pensez*-vous avoir un bon salaire? • *N'avez*-vous pas *l'impression que* vous travaillez trop? • Avez-vous *l'impression de* trop travailler?	• *Que* s'est-il passé? • *Qu'est-ce qu'*il y a eu? • *Qu'*a-t-il fait exactement? • *Depuis quand* est-il parti? • *Où* est-ce arrivé? • *Combien de* jours a-t-il manqué?

2. COMMENT ABORDER SON CHEF POUR LUI DEMANDER UNE AUGMENTATION

Vous décidez de demander une augmentation à M. AVARIX, votre patron. Voici le schéma à suivre :

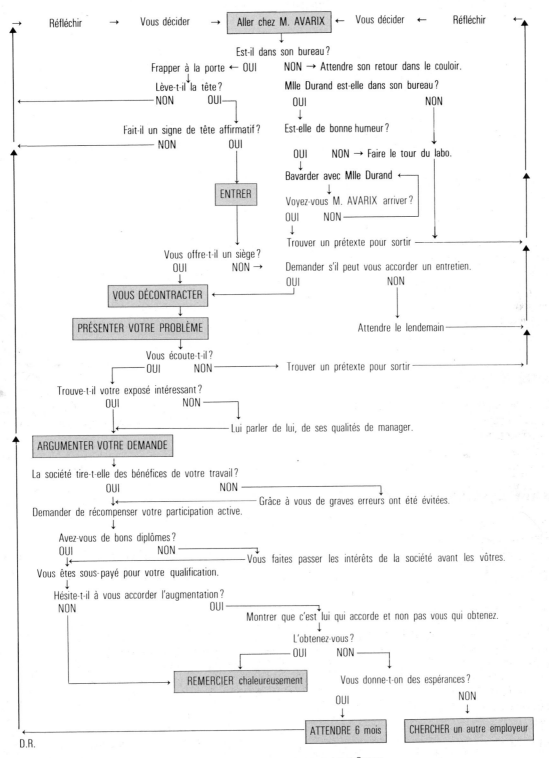

D.R.

1. QUE FAUT-IL FAIRE SI...

a - Mlle Durand est dans son bureau et qu'elle est de bonne humeur ?

b - M. Avarix ne vous offre pas de vous asseoir ?

c - Vos diplômes sont sans valeur ?

**Répondez à ces questions en vous aidant du schéma.
A vous de poser d'autres questions...**

2. JEU DE RÔLES.

Employé(e) depuis plusieurs années dans la même société, vous n'avez pas reçu d'augmentation de salaire depuis deux ans. Certains de vos collègues, arrivés après vous, sont mieux payés que vous ! Vous allez trouver votre chef de service pour lui faire part de votre mécontentement.

SECTION 5 : AMENAGER LE TEMPS DE TRAVAIL

LES HORAIRES VARIABLES

Souvent les employés d'une même entreprise doivent commencer et finir de travailler en même temps. C'est le principe de l'horaire fixe et collectif. Pourtant des entreprises de plus en plus nombreuses adoptent des horaires variables (appelés encore flexibles).

Le directeur de l'hypermarché VENVITE, convaincu de l'intérêt de cette formule, envisage de mettre en place les horaires variables dans son établissement.

Voici les détails du projet préparé par le service du personnel :
– Les employés choisissent chaque jour leurs heures d'arrivée et de départ à l'intérieur de plages mobiles fixées par l'employeur. Tout le monde doit obligatoirement être présent pendant les plages fixes.

8 h	10 h	12 h	14 h	16 h	19 h
plage mobile	plage fixe	*plage mobile* (45' d'arrêt obligatoire pour déjeuner)	plage fixe	*plage mobile*	

– Durée maximum de la journée de travail : 10 h.
– Durée de la semaine de travail : 39 h.
– Possibilité de reporter le nombre d'heures en excédent (crédit d'heures) ou en déficit (débit d'heures) d'une semaine sur l'autre dans une limite de 4 h maximum (si un salarié fait 43 h une semaine, il pourra ne travailler que 35 h la semaine suivante).

1. QUEL HORAIRE?

Quelles possibilités cette formule offrira-t-elle aux salariés de VENVITE?
Répondez aux questions ci-contre.

2. SONDAGE AUPRÈS DU PERSONNEL

Un premier sondage est effectué auprès du personnel pour obtenir ses réactions.
La question posée est la suivante :
« Il est possible que VENVITE adopte prochainement les horaires variables, qu'en pensez-vous? »

Monique CLÉMENT, caissière, pourra-t-elle...	OUI	NON
1 - ...travailler de 11 h à 13 h et de 14 h à 19 h?		
2 - ...travailler de 9 h à 18 h sans interruption?		
3 - ...travailler de 9 h à 13 h 15 et de 14 h à 18 h 45?		
4 - ...travailler de 13 h à 19 h?		
5 - ...travailler de 8 h à 12 h et de 13 h à 19 h?		
6 - ...travailler lundi 8 h, mardi 9 h, mercredi 10 h, jeudi 9 h et vendredi 8 h?		

Écoutez (ou lisez) les réponses des 15 personnes interrogées et indiquez par une croix dans le tableau de la page suivante si elles sont : favorables, défavorables ou indifférentes aux horaires variables.

Simone MOREA : « Je trouve que c'est une bonne idée, ça me permettra d'emmener mon fils à l'école le matin. »

Paul SALMAIN : « Je n'y vois que des avantages, je pourrai arriver plus tard ou partir plus tôt. »

Alice VASSEUR : « Notre organisation craint que l'on cherche ainsi à adapter le travail aux contraintes du marché et non aux exigences de la vie privée des travailleurs, comme on voudrait nous le faire croire. »

Georges GRAND : « Oh! moi, vous savez, les horaires fixes, les horaires variables... il faudra toujours travailler. »

Lucia SEIDLOVA : « Toutes les expériences réalisées l'ont montré, avec les horaires variables les salariés sont plus responsables et les résultats de l'entreprise s'améliorent, alors pourquoi les refuser? »

Jean-Paul THOMAS : « Ce serait, à mon point de vue, une erreur, car il ne nous sera pas possible de demander aux caissières de rester en cas de forte affluence. »

Gérard HOCHET : « Bien sûr, je suis favorable, au moins ainsi je pourrai avoir le choix de mes horaires de travail. »

Daniel VIDELIER : « Ça m'est complètement égal, de toute façon, le salaire sera le même à la fin du mois. »

Gaston ANDRÉ : « Ce n'est pas moi qui serai contre, comme ça on n'aura plus de problèmes avec notre chef en cas de retard. »

Marcel BELSŒUR : « Nous, nous sommes opposés à ce projet ; nous pensons, en effet, que l'objectif de la direction est la seule augmentation du rendement. »

Jean CHOTARD : « Ce projet que nous essayons de mettre en place est intéressant, car il permet, nous en sommes persuadés, de réduire l'absentéisme et d'améliorer la productivité. »

Stéphanie RICAUD : « Je ne partage pas l'optimisme de notre directeur général ; avec une telle organisation, nous risquons d'avoir du mal à surveiller et à faire fonctionner convenablement notre service. »

Benoît COURCIER : « Et alors ! qu'est-ce que ça peut me faire tous ces changements ? »

Alain CHAOULI : « Ah ! si seulement ça pouvait se faire, je perdrais moins de temps dans les transports publics. »

Patricia CHAMPION : « Oh ! vous savez, j'ai bien peur que ce soit pour nos chefs un moyen de mieux nous contrôler. »

3. QUI PARLE?

Écoutez (ou lisez) une deuxième fois les 15 réponses du sondage et indiquez par une croix si la réponse est donnée par un(e) employé(e), un cadre ou un dirigeant ou par un(e) syndicaliste.

	RÉACTIONS			FONCTIONS ET RÔLES		
	POUR	CONTRE	INDIFFÉRENTS	EMPLOYÉS	CADRES DIRIGEANTS	SYNDICALISTES
1 - Simone MOREA						
2 - Paul SALMAIN						
3 - Alice VASSEUR						
4 - Georges GRAND						
5 - Lucia SEIDLOVA						
6 - Jean-Paul THOMAS						
7 - Gérard HOCHET						
8 - Daniel VIDELIER						
9 - Gaston ANDRÉ						
10 - Marcel BELSŒUR						
11 - Jean CHOTARD						
12 - Stéphanie RICAUD						
13 - Benoît COURCIER						
14 - Alain CHAOULI						
15 - Patricia CHAMPION						

4. QUEL EST VOTRE POINT DE VUE?

Pensez-vous que les horaires variables présentent de réels avantages ?

5. RÉDIGER UNE NOTE DE SERVICE

L'enquête effectuée a montré une importante préférence pour les horaires variables.
Votre chef vous demande donc de rédiger la note de service annonçant à tout le personnel la mise en application des horaires variables.

Rédigez cette note de service. N'oubliez pas d'indiquer :

– la date d'application ;
– les modalités d'application (voir « Les horaires variables »)
– la technique choisie pour enregistrer les heures d'arrivée et de départ et donc le temps de travail de chaque employé(e).

SECTION 6 : ANALYSER LES DONNEES DU TRAVAIL

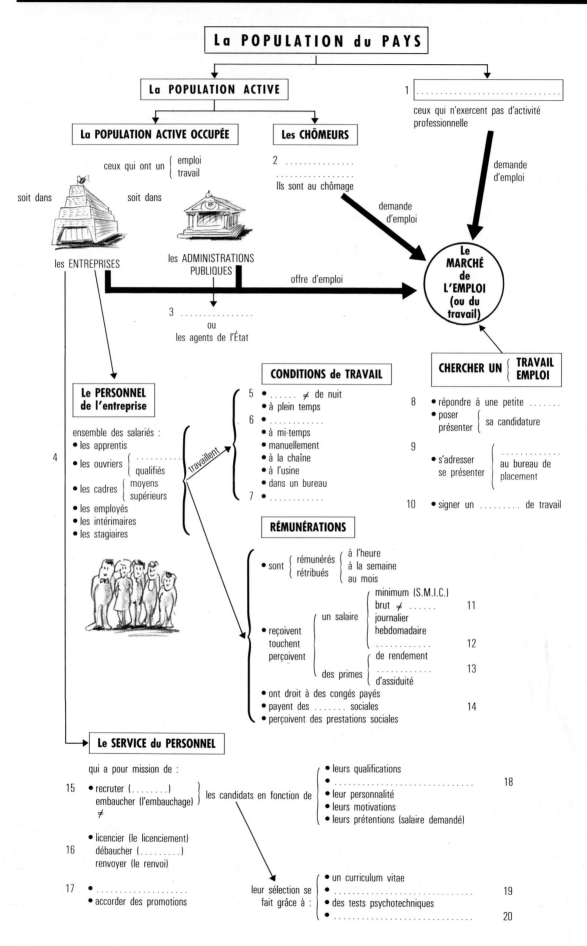

La **POPULATION** du **PAYS**

La **POPULATION ACTIVE**

1 ....
ceux qui n'exercent pas d'activité professionnelle

La **POPULATION ACTIVE OCCUPÉE**

Les **CHÔMEURS**

ceux qui ont un { emploi / travail

2 ....
....
Ils sont au chômage

soit dans   soit dans

les ENTREPRISES

les ADMINISTRATIONS PUBLIQUES

demande d'emploi

demande d'emploi

offre d'emploi

Le **MARCHÉ** de **L'EMPLOI** (ou du travail)

3 ....
ou
les agents de l'État

CHERCHER UN { **TRAVAIL** / **EMPLOI**

Le **PERSONNEL** de l'entreprise

CONDITIONS de TRAVAIL

5 • ...... ≠ de nuit
• à plein temps
6 • ....
• à mi-temps
• manuellement
• à la chaîne
• à l'usine
• dans un bureau
7 • ....

8 • répondre à une petite ....
• poser / présenter { sa candidature

9 • s'adresser / se présenter { .... au bureau de placement

10 • signer un .... de travail

4
ensemble des salariés :
• les apprentis
• les ouvriers { .... / qualifiés
• les cadres { moyens / supérieurs
• les employés
• les intérimaires
• les stagiaires

travaillent

RÉMUNÉRATIONS

• sont { rémunérés / rétribués } { à l'heure / à la semaine / au mois

• reçoivent / touchent / perçoivent { un salaire { minimum (S.M.I.C.) / brut ≠ ...... 11 / journalier / hebdomadaire / 12

des primes { de rendement / .... 13 / d'assiduité

• ont droit à des congés payés
• payent des .... sociales 14
• perçoivent des prestations sociales

Le **SERVICE du PERSONNEL**

qui a pour mission de :

15 • recruter (........) / embaucher (l'embauchage) } ≠ les candidats en fonction de { • leurs qualifications / • .... 18 / • leur personnalité / • leurs motivations / • leurs prétentions (salaire demandé)

16 • licencier (le licenciement) / débaucher (........) / renvoyer (le renvoi)

17 • ....
• accorder des promotions

leur sélection se fait grâce à : { • un curriculum vitae / • .... 19 / • des tests psychotechniques / • 20

1. RECONSTITUER

Complétez le schéma ci-contre à l'aide des mots ou des groupes de mots suivants :

net

mensuel   de jour   un entretien   cotisations

d'ancienneté   le débauchage   LA POPULATION INACTIVE

spécialisés

à temps partiel   à domicile   les fonctionnaires

ceux qui n'ont pas d'emploi
mais qui en cherchent un   s'occuper de la formation   le recrutement

une analyse graphologique   au service du personnel

annonce   leur expérience professionnelle

contrat

2. REVENDICATIONS

1. Complétez les répliques de cette bande dessinée avec les termes donnés ici en désordre :
avez la retraite – été augmenté – voulez-vous – ne m'as pas dit – ai arrêté – avez le droit – travaillez.

2. Quel titre donneriez-vous à cette bande dessinée ?

CONNAITRE ET DEFENDRE SES DROITS

SECTION 1 : ANALYSER UN CONTRAT DE TRAVAIL

La Maison Bretonne, entreprise de bâtiment, vient d'embaucher Gilbert CHAMPION. Elle a conclu avec lui un contrat de travail.

CONTRAT DE TRAVAIL

LA MAISON BRETONNE
18, rue Jean-Jaurès
35000 RENNES

il a été convenu ce qui suit :

Entre

La MAISON BRETONNE

et Monsieur Gilbert CHAMPION
né le 23 mai 1961 à Nantes
et domicilié 22 rue du Moulin
35000 RENNES

Monsieur Gilbert CHAMPION est engagé à la date du 1er mars 19.. aux conditions suivantes :

– FONCTION : Chef de chantier
– RÉMUNÉRATION BRUTE MENSUELLE (au 1.03.19..) : 9 850 F.
– AVANTAGES : 13e mois, possibilité de prime d'assiduité.
– LIEU DE TRAVAIL : Établissement de Rennes ou tout chantier de la MAISON BRETONNE suivant les nécessités.
– HORAIRES : Lundi, mardi, mercredi, jeudi de 8 h à 12 h et de 13 h 30 à 17 h 30 – Vendredi de 8 h à 12 h et de 13 h 30 à 16 h 30.

– OBLIGATIONS DES PARTIES : Les parties contractantes sont tenues de se conformer aux dispositions de la convention collective du bâtiment ainsi qu'aux prescriptions du règlement intérieur dont l'intéressé déclare avoir pris connaissance.

– DURÉE DU CONTRAT : indéterminée. En cas de rupture du contrat, les parties devront respecter un préavis de 2 mois. En cas de faute grave, le contrat pourra être rompu sans préavis ni indemnité.

– PÉRIODE D'ESSAI : 3 mois. Pendant cette période chacune des parties pourra résilier à tout moment le contrat sans préavis, ni indemnité.

Lu et approuvé
Signature du salarié :

lu et approuvé

Fait en double exemplaire à Rennes, le 1er mars 19..

Le Chef du personnel :

1. COMPRENDRE

Retrouvez dans le contrat de travail ci-dessus les mots ou groupes de mots qui signifient :

a - est *embauché ;*
b - en cas de *résiliation* du contrat ;
c - il a été *conclu l'accord suivant ;*
d - les parties *ont l'obligation* de... ;
e - *respecter les clauses ;*
f - les *personnes qui concluent ce contrat.*

2. DÉFINIR

Voici, en désordre, une définition du contrat de travail. Remettez-la dans le bon ordre.

par laquelle une personne, / pour le compte et sous la direction d'une autre personne, / le salarié, / est / en contrepartie d'une rémunération appelée / une convention / Le contrat de travail / salaire. / s'engage à travailler / l'employeur, /

3. CLASSER

**Voici quelques-unes des obligations créées par le contrat de travail.
Indiquez en mettant une flèche dans la bonne direction :**
– **quelles sont les obligations de l'employeur envers le salarié;**
– **quelles sont les obligations du salarié envers l'employeur.**

LE SALARIÉ

a - Ne pas révéler les secrets de fabrication de l'entreprise.
b - Payer le salaire convenu.
c - Se conformer aux ordres reçus.
d - Respecter le règlement intérieur.
e - Exécuter le travail convenu.
f - Respecter la législation sociale.
g - Prendre soin du matériel confié.
h - Fournir le travail convenu.

L'EMPLOYEUR

4. RÉDIGER

Le contrat de travail prend parfois la forme d'une lettre d'engagement.

Supposons que la MAISON BRETONNE ait envoyé une telle lettre à M. Champion. Complétez la lettre ci-contre, grâce aux indications fournies dans le contrat de travail.

5. COMPLÉTER

Complétez le texte avec les termes suivants : licencié, démission, certificat de travail, indemnités, démissionnaire, délai de préavis, licenciement.

Le contrat de travail peut prendre fin,
– soit à l'initiative du salarié, dans ce cas on parle de ... ;
– soit à l'initiative de l'employeur, il s'agit alors d'un ... .

Dans les deux cas, il faudra aux parties respecter un ... et l'employeur devra remettre au salarié ... ou ... un ... .
En cas de ..., l'employeur doit souvent verser au salarié congédié des ... .

LETTRE D'ENGAGEMENT

LA MAISON BRETONNE
S.A. au capital de 500 000 F
18, rue Jean-Jaurès – 35000 RENNES

Monsieur Gilbert CHAMPION
22, rue du Moulin
35000 RENNES

Objet : Lettre d'........

Monsieur,

A la suite de notre entretien du 5 février 19.., nous vous confirmons votre ... à partir du ..., en qualité de ...

Votre rémunération brute de départ est fixée à ... F; vous bénéficierez en outre de certains ... accordés par notre établissement, comme le 13ᵉ ... et la possibilité d'une ... d'assiduité.

Vous exercerez vos ... dans notre ... de Rennes, mais vous pouvez être amené à vous ... sur tout chantier de la ..., ... les besoins.

Vous vous conformerez aux horaires de travail de l'entreprise, à savoir : les lundi, mardi, mercredi et jeudi, de ... à ... et ... 13 h 30 ... 17 h 30 – Le vendredi : ...

Nous vous rappelons que le présent ... est conclu pour une durée ...; en conséquence chacune des parties pourra le ... à tout moment sous réserve de ... le délai de ... prévu par la convention ... du bâtiment. Cependant les ... premiers mois constituent une période ... durant laquelle chacune des ... pourra y mettre ... sans préavis ni ...

Si ces conditions reçoivent votre accord, vous voudrez bien nous ... le double de cette lettre après y avoir porté la mention « ... et ... » suivie de votre ...

Veuillez agréer, Monsieur, l'expression de nos sentiments distingués.

Fait à Rennes
le 12 février 19..
Le Chef du personnel

P.J. : un exemplaire du règlement intérieur.

SECTION 2 : COMPARER DES REGLEMENTS

Règlement intérieur
d'une imprimerie en 1880

1 - *Piété, propreté et ponctualité font la force d'une bonne affaire.*

2 - *Notre firme ayant considérablement réduit les horaires de travail, les employés de bureau n'auront plus à être présents que de sept heures du matin à six heures du soir, et ce, les jours de semaine seulement.*

3 - *L'habillement doit être du type le plus sobre. Les employés de bureau ne se laisseront pas aller aux fantaisies des vêtements de couleurs vives.*

4 - *Dans les bureaux, on ne portera ni manteau, ni pardessus. Toutefois, lorsque le temps sera particulièrement rigoureux, les écharpes, cache-nez et calottes seront autorisés.*

5 - *Notre firme met un poêle à la disposition des employés de bureau. Le charbon et le bois devront être enfermés dans le coffre destiné à cet effet. Afin qu'ils puissent se chauffer, il est recommandé à chaque membre du personnel d'apporter chaque jour quatre livres de charbon durant la saison froide.*

6 - *Aucun employé de bureau ne sera autorisé à quitter la pièce sans la permission de M. le Directeur.*

7 - *Il est strictement interdit de parler durant les heures de bureau.*

8 - *La soif de tabac, de vin ou d'alcool est une faiblesse humaine et, comme telle, est interdite à tous les membres du personnel.*

9 - *Maintenant que les heures de bureau ont été énergiquement réduites, la prise de nourriture est encore autorisée entre 11 h 30 et midi, mais, en aucun cas, le travail ne devra cesser durant ce temps.*

10 - *Les employés de bureau fournissent leurs propres plumes. Un nouveau taille-plume est disponible sur demande chez M. le Directeur.*

11 - *Un senior, désigné par M. le Directeur, sera responsable du nettoyage et de la propreté de la grande salle ainsi que du bureau directorial.*

12 - *Augmentés dernièrement, les nouveaux salaires hebdomadaires sont désormais les suivants :*

Cadets (jusqu'à 11 ans)	*0,50 F*
Juniors (jusqu'à 14 ans)	*1,45 F*
Jeunes	*3,25 F*
Employés	*7,50 F*
Seniors (après 15 ans de maison)	*14,50 F*

Les propriétaires reconnaissent et acceptent la générosité des nouvelles lois du travail, mais attendent du personnel un accroisssement considérable du rendement en compensation de ces conditions presque utopiques.

RÈGLEMENT INTÉRIEUR
D'UNE ENTREPRISE D'AUJOURD'HUI
(extraits)

I. Tout salarié doit se conformer aux instructions de la hiérarchie de l'établissement, notamment celle de son supérieur.

III.1 La durée du travail est fixée conformément à la réglementation en vigueur (1).

IV.1 Tout salarié doit se trouver à son poste en tenue de travail aux heures fixées pour le début et la fin de celui-ci.

IV.2 Toute absence doit faire l'objet d'une autorisation de la direction sauf cas de force majeure.

V.1 Le personnel est tenu d'observer les mesures d'hygiène et de sécurité.

V.2 Il est interdit d'entrer ou de séjourner dans l'établissement en état d'ébriété (2).

V.3 Il est formellement défendu de fumer dans les locaux où se trouve une affiche d'interdiction.

VII. Il est interdit d'introduire dans l'établissement des personnes étrangères aux activités de l'entreprise.

IX. Le salarié a le devoir de conserver en bon état tout le matériel qui lui a été confié en vue de l'exécution de son travail.

X. Il est interdit d'emporter sans autorisation écrite des objets quelconques appartenant à l'établissement.

XI. Le personnel employé par l'entreprise est tenu de garder une discrétion absolue sur tout ce qui a trait aux secrets et procédés de fabrication.

XV. Lorsque l'employeur envisage de prendre une sanction, il doit convoquer le salarié.

(1) En vigueur : en application actuellement
(2) En état d'ébriété : état de celui qui a trop bu d'alcool – ivre, soûl(e).

1. ORDONNER

Le règlement intérieur fixe les relations entre employeurs et employés dans les domaines de la discipline générale, de l'hygiène et de la sécurité.

Relevez dans les deux règlements intérieurs les numéros des articles qui correspondent à chacun des trois domaines suivants :

	RÈGLEMENT INTÉRIEUR D'UNE IMPRIMERIE EN 1880	RÈGLEMENT INTÉRIEUR D'UNE ENTREPRISE D'AUJOURD'HUI
1 - Discipline générale : a - Horaires		
b - Absence		
c - Tenue vestimentaire		
2 - Hygiène		
3 - Sécurité		

2. CLASSER

Le règlement intérieur fixe les obligations et les interdictions des employeurs et des employés.

Notez dans le tableau ci-dessous les obligations et les interdictions énumérées dans chacun des règlements intérieurs :

	RÈGLEMENT INTÉRIEUR D'UNE IMPRIMERIE EN 1880	RÈGLEMENT INTÉRIEUR D'UNE ENTREPRISE D'AUJOURD'HUI
Obligations		
Interdictions		

3. COMPARER

1. Quel domaine ne figure pas dans le règlement intérieur d'une imprimerie en 1880? Est-ce possible aujourd'hui?

2. Relevez dans le règlement d'une imprimerie en 1880 trois faits qui, selon vous, ne pourraient plus figurer aujourd'hui dans un règlement intérieur (du moins dans les pays industrialisés).

SECTION 3 : DETERMINER LES DROITS DES SALARIES

1. PEUT-IL OU DOIT-IL?

La législation et le contrat de travail donnent à l'employeur et au salarié des DROITS et des DEVOIRS.
En voici quelques-uns donnés dans le désordre :

1 - Respecter le règlement intérieur de l'entreprise.	13 - Respecter l'égalité professionnelle entre les hommes et les femmes.
2 - Donner des ordres.	14 - Exécuter le travail demandé.
3 - Assurer la sécurité du personnel.	15 - Accorder des augmentations de salaire.
4 - Remettre un bulletin de salaire.	16 - Respecter la réglementation du travail.
5 - Demander un congé de formation.	17 - Verser des cotisations sociales.
6 - Ne pas révéler les secrets de l'entreprise.	18 - Obéir à son patron.
7 - Établir un règlement intérieur.	19 - Embaucher autant qu'il le souhaite.
8 - Exiger le respect de ses opinions religieuses, syndicales, politiques.	20 - Ne pas faire de concurrence déloyale.
9 - Payer le salaire convenu.	21 - Exiger le respect des lois et des conventions.
10 - Prendre soin du matériel.	22 - Verser un salaire au moins égal à celui fixé par la loi.
11 - Licencier (en respectant les dispositions légales).	23 - Exiger le paiement du salaire convenu.
12 - Demander une promotion.	

Classez droits et devoirs dans le tableau ci-dessous, en utilisant les expressions suivantes :

POUR EXPRIMER	
LA POSSIBILITÉ	**L'OBLIGATION**
• Il peut...	• Il doit...
• Il a la possibilité de...	• Il a le devoir de...
• Il a le pouvoir de...	• Il a l'obligation de...
• Il a le droit de...	• Il a à...
• Il est en mesure de...	• Il est tenu de...
• Il lui est possible de...	• Il est forcé de...
• Il lui est permis de...	• Il est obligé de...
• Il est autorisé à...	• Il faut que...

	DROITS	DEVOIRS
L'employeur	Il *a le droit de* donner des ordres.	
Le salarié		Il *a l'obligation de* respecter le règlement intérieur de l'entreprise.

2. LICENCIER! POURQUOI?

> L'employeur a le pouvoir de LICENCIER son personnel pour assurer la bonne marche de l'entreprise, mais il ne peut le faire que pour des motifs « SÉRIEUX » (présentant une certaine gravité) et « RÉELS » (objectivement prouvables) qui rendent impossible la continuation du travail.
> Dans le cas contraire, le licenciement est considéré comme « ABUSIF ».

1. APPRÉCIER.
Écoutez (ou lisez) ces quelques motifs invoqués pour licencier un salarié.
Dites quels sont ceux qui, selon vous, présentent un caractère « sérieux et réel » suffisant ou insuffisant pour justifier un licenciement.

RAISONS DONNÉES PAR L'EMPLOYEUR	MOTIFS RÉELS ET SÉRIEUX DE LICENCIEMENT	MOTIFS INSUFFISANTS POUR LICENCIER
1 - Mme ARNAULT est enceinte (elle attend un enfant).		
2 - M. BLANDART refuse de prendre un poste dans un service où il n'y a que des femmes.		
3 - Mlle CLEROUT a eu une absence justifiée pour cause de maladie.		
4 - Mlle DAMIEN a une liaison amoureuse avec un de ses supérieurs hiérarchiques.		
5 - M. ERNAN s'est absenté trois jours sans autorisation de son employeur.		
6 - M. FINARD a révélé à des tiers des documents confidentiels.		
7 - M. GRATIN s'est porté candidat à une élection municipale.		
8 - Mme HERVÉ critique la société et ses dirigeants auprès des clients.		
9 - Mlle IRIS a refusé à plusieurs reprises d'effectuer un travail habituel.		
10 - M. JACOT exerce une activité syndicale dans l'entreprise.		
11 - M. KEROIT refuse de faire un travail parce qu'il présente un grave danger pour sa vie ou sa santé.		
12 - Mme LANCELOT a eu une absence prolongée par suite d'une grave maladie.		
13 - Mlle MAUROIS porte des vêtements indécents et provocateurs.		
14 - Lors d'un entretien avec son employeur, Mlle NAUDET a refusé de répondre à des questions concernant sa vie privée.		
15 - M. ODOUT a fait la grève et a empêché les non-grévistes de travailler.		
16 - L'épouse de M. PINTON a créé une société concurrente.		
17 - M. QUATAR a refusé d'effectuer un travail de qualification bien inférieure à son travail habituel.		
18 - Mme RAOUL, qui a un caractère difficile, entretient de mauvaises relations avec ses collègues.		
19 - Mlle SATURNE a eu quatre légers retards en un an de travail.		
20 - Mme TESTU a distribué des tracts syndicaux à la sortie de l'usine.		
21 - M. URBAIN est en profond désaccord avec son employeur sur les méthodes de gestion de l'entreprise.		
22 - Mme DUVIVIER, coiffeuse, a refusé de s'occuper d'une cliente arrivée à 17 h 30. Elle doit normalement quitter son emploi à 18 h et le travail demandé par la cliente ne pouvait pas être exécuté en moins d'une heure.		

2. DÉBATTRE.
Comparez vos réponses avec celles des autres membres du groupe.

Pour certains cas, une réponse claire est difficile à donner. En effet, celle-ci dépend de plusieurs facteurs :
– le mode de vie, les habitudes et la culture du pays concerné;
– la législation du pays;
– et surtout le contexte réel dans lequel il faudrait replacer chacun de ces cas.

3. DONNER UN TITRE.
Si vous aviez à écrire, pour chacun des cas présentés dans le tableau ci-dessus, un court article dans un journal local, quel titre donneriez-vous à chacun d'eux ?

Exemples :
– Elle attend un enfant... et son licenciement !
– Licencié pour mysogynie.

A vous !...

SECTION 4 : ANALYSER UN BULLETIN DE SALAIRE

1. SAVEZ-VOUS LIRE UNE FEUILLE DE PAIE?

Indiquez par le numéro convenable la partie du bulletin de salaire concernée par les explications données ci-dessous :

1 - Montant des primes.

2 - Montant du salaire qui doit être déclaré au fisc.

3 - Montant total des cotisations dues par l'employeur.

4 - Date de versement du salaire.

5 - Salaire dû au salarié.

6 - Cotisations sociales dues par le salarié à la Sécurité sociale.

7 - Montant global des retenues.

8 - Numéro d'identification de l'employeur.

9 - Période de travail prise en compte.

10 - Nombre d'heures de travail effectuées (normales et supplémentaires).

11 - Emploi et catégorie professionnelle du salarié.

12 - Nom et adresse de l'employeur.

13 - Somme totale due avant déduction des retenues.

14 - Somme versée d'avance et représentant une partie du salaire dû.

15 - Somme accordée en compensation de certains frais (ex. : déplacement..).

16 - Nom du salarié.

17 - Somme effectivement versée au salarié à la fin du mois.

NOM Jean VIDOC
Adresse 11, rue de la Fontaine - 75011 PARIS
Emploi menuisier ___ Position (Niv. Cat. Coef) P2
BULLETIN DE PAYE du 1.3.19.. au 31.3.19.. Nº Pointage ___
CONVENTION(S) COLLECTIVE(S) DE BRANCHE ___
Mle S. S. | | | | | |

Nbre d'hres : Nal ___ Sup. ___ Autres : Nal ___ Taux Majrés ___ Total ___

			Bases	%	Cotis.ions Pat.les	%	Retenues Salarié		
1	Salaire de base pour 169 Heures à 56						9464 00		
2									
3	Heures Supplres 25 % Nbre 5 H à 70						350 00		
4	Heures Supplres ___ % Nbre ___ H à ___								
5									
6	Salaire au forfait ou Autre nature : ___								
7	Autres majorations de Sal. ___								
8	Accessoires de Sal. primes						500 00		
9									
10									
11	Déduction pour frais prof. ___ % ___ SALAIRE BRUT						10314 00		
12	10314 00	12,80	1320 19	5,90	S.S. Mal		608 52		
13	10314 00	8,20	845 74	7,60	S.S. Vieil. S/Plaf.		783 86		
14	10314 00			0,10	Veuvage		10 31		
15	10314 00	2,20	226 90		Accidents Travail				
16	10314 00	4,50	464 13		Prestations famil.				
17	10314 00								
18				3,00	Retraite Compl.		309 42		
19									
20					Retraite Cadres				
21					Prévoyance Div.				
22									
23	10314 00	4,43	456 91	2,47	Ass. Chômage		254 75		
24	10314 00	0,24	24 75		Ass. Chômage				
25	TOTAL COT. PATles		3338 62		TOTAL RETENUES		1966 86		
26	Net Fiscal Cumulé				NET IMPOSABLE		8347 14		
27	Somes et Indemtés Div.								
28	non soumises à Cot.ions indemnité de						85 00		
29	transport								
30					TOTAL		8432 14		
31	Avantages en nature et acomptes	acompte					2000 00		

PAYÉ LE 30.3.19.. MODE DE PAIEMENT ___ NET A PAYER 6432 14

REPOS COMPENSATEUR	CUMUL DES HEURES	NOMBRE DE DROITS	UTILISÉS	RESTE

COTISATION S.S. VERSÉE A : URSSAF PARIS
Nº SIRET : 23575100287051
CODE APE : 64242

NOM ET ADRESSE DE L'EMPLOYEUR
DUBOIS SA.
au capital de 500 000 FF
25, avenue de Choisy
75013 PARIS

EXACOMPTA   CONSERVEZ CE BULLETIN DE PAYE SANS LIMITATION DE DURÉE

2. PLUS OU MOINS?

Certains éléments sont à retrancher du salaire, d'autres à ajouter. Indiquez + ou − selon le cas.

a - assurance maladie

b - retraite complémentaire

c - prime de rendement

d - cotisation sociale

e - acompte

f - 13e mois

g - assurance chômage

h - assurance vieillesse

i - majoration

j - heures supplémentaires

k - prime d'ancienneté

l - indemnité de transport

3. ÊTES-VOUS D'ACCORD?

Répondez en mettant une croix dans la bonne case. Si c'est faux, indiquez la bonne réponse.

	VRAI	FAUX
1 - M. Jean VIDOC travaille le bois.		
2 - En mars 19.., M. VIDOC a travaillé 169 heures.		
3 - Les sommes déduites du salaire de Jean VIDOC pour sa protection sociale sont inférieures à 15 % du salaire brut.		
4 - Le salaire brut = le salaire de base fixe + les heures supplémentaires – les primes.		
5 - Le salaire imposable est calculé en déduisant du salaire brut le total des retenues.		
6 - L'addition du salaire net et des acomptes donne le montant à payer.		
7 - S.I.R.E.T. veut dire : système informatisé pour le répertoire des établissements.		
8 - La date de la paye est le dernier jour du mois.		
9 - Les primes comprennent les heures supplémentaires.		

4. C'EST PAREIL?

Comparez un bulletin de salaire de votre pays (ou de votre entreprise) avec celui de Jean VIDOC, salarié français.
Quelles différences constatez-vous, en particulier en ce qui concerne la protection sociale?

5. QUI DIT QUOI?

Il y a le salaire, mais il y a également d'autres mots pour désigner la rémunération de ceux qui travaillent.
Attribuez chacune des déclarations suivantes à son auteur.

1 - « Pour le paiement de mes honoraires, voyez ma secrétaire. » 2 - « Dis donc, c'est la paye aujourd'hui ! » 3 - « Je n'accepterais jamais ce rôle pour un cachet de 300 000 F seulement. » 4 - « Bien sûr, nous avons la sécurité de l'emploi, mais nos traitements sont inférieurs à vos salaires. » 5 - « Grâce à ma solde je vais pouvoir partir dans ma famille le week-end prochain. » 6 - « Oh! vous savez, monsieur, moi, je ne perçois que 5 % de commission. » 7 - « Ce mois-ci, j'ai doublé mon revenu avec les pourboires. » 8 - « Comme dit le proverbe : toute peine mérite salaire. »	a - Le représentant à un client difficile. b - Le sage à un groupe d'auditeurs. c - L'avocat à son client. d - Un fonctionnaire à un salarié du secteur privé. e - Un simple soldat à son ami. f - Un acteur célèbre à son réalisateur. g - Un ouvrier à un autre ouvrier. h - Un garçon de café à sa femme.

6. ÇA DÉPEND DE QUOI?

De nombreux facteurs déterminent généralement le montant du salaire versé, par exemple :
- *le niveau de qualification;*
- *la taille de l'entreprise;*
- *les relations avec le patron;*
- *le sexe.*

a - Êtes-vous d'accord avec ces quatre facteurs?
b - Pouvez-vous en trouver d'autres?

31

SECTION 5 : DEFENDRE SES DROITS

Voici dix-huit documents donnés dans le désordre. Il s'agit de brefs comptes rendus illustrés de six affaires jugées par les tribunaux dans le domaine du travail.

**1. Pour chacun de ces six cas, les faits et les résultats du jugement ont été séparés.
A vous de reconstituer les six textes complets.**

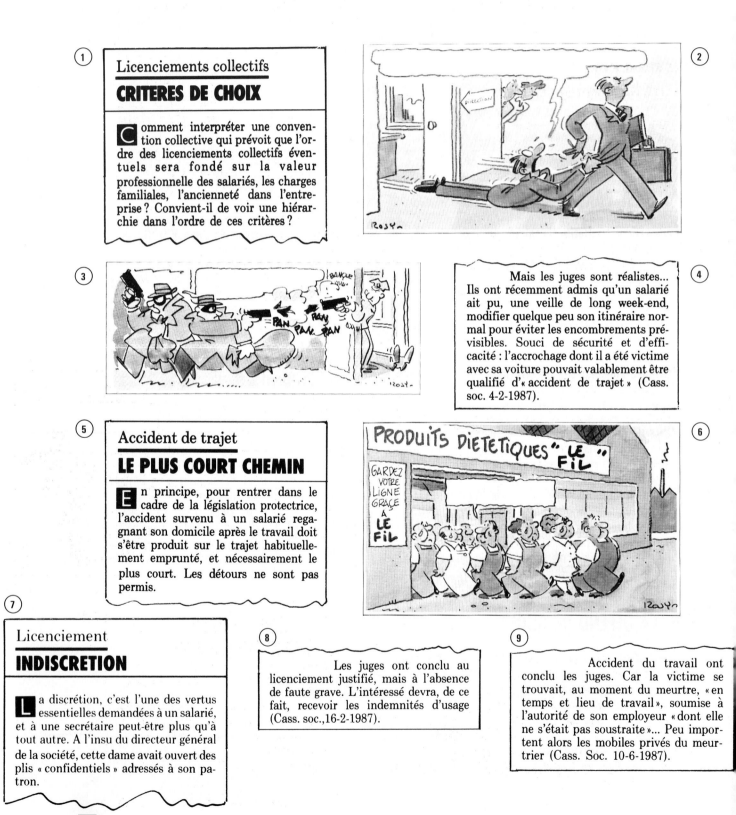

①

Licenciements collectifs

CRITERES DE CHOIX

Comment interpréter une convention collective qui prévoit que l'ordre des licenciements collectifs éventuels sera fondé sur la valeur professionnelle des salariés, les charges familiales, l'ancienneté dans l'entreprise ? Convient-il de voir une hiérarchie dans l'ordre de ces critères ?

④

Mais les juges sont réalistes... Ils ont récemment admis qu'un salarié ait pu, une veille de long week-end, modifier quelque peu son itinéraire normal pour éviter les encombrements prévisibles. Souci de sécurité et d'efficacité : l'accrochage dont il a été victime avec sa voiture pouvait valablement être qualifié d'« accident de trajet » (Cass. soc. 4-2-1987).

⑤

Accident de trajet

LE PLUS COURT CHEMIN

En principe, pour rentrer dans le cadre de la législation protectrice, l'accident survenu à un salarié regagnant son domicile après le travail doit s'être produit sur le trajet habituellement emprunté, et nécessairement le plus court. Les détours ne sont pas permis.

⑦

Licenciement

INDISCRETION

La discrétion, c'est l'une des vertus essentielles demandées à un salarié, et à une secrétaire peut-être plus qu'à tout autre. A l'insu du directeur général de la société, cette dame avait ouvert des plis « confidentiels » adressés à son patron.

⑧

Les juges ont conclu au licenciement justifié, mais à l'absence de faute grave. L'intéressé devra, de ce fait, recevoir les indemnités d'usage (Cass. soc.,16-2-1987).

⑨

Accident du travail ont conclu les juges. Car la victime se trouvait, au moment du meurtre, « en temps et lieu de travail », soumise à l'autorité de son employeur « dont elle ne s'était pas soustraite »... Peu importent alors les mobiles privés du meurtrier (Cass. Soc. 10-6-1987).

2. A vous de retrouver l'illustration qui accompagne chaque texte.

**3. Voici, en désordre, les répliques de chaque illustration.
A vous d'attribuer chaque réplique au dessin correspondant.**

a - « Tu as remarqué, il n'a licencié que les gros ! »
b - « Quand vous aurez terminé la lecture de mon courrier, j'aimerais vous dicter une lettre de renvoi. »
c - « Ne partez pas ! J'avais oublié d'estimer le coût de votre licenciement ! »

d - « Je tiens à vous faire remarquer que je conteste toutes responsabilités sur la façon dont vous gagnez ou quittez votre lieu de travail ! »
e - « En voilà un qui joue son avenir dans la fin de la phrase ! »
f - « C'est dingue de faire notre boulot sans couverture sociale ! »

4. A vous d'imaginer d'autres répliques pour chacun des dessins.

---

(10)

Licenciements
ATTENTION AUX INJURES

Injurier votre employeur parce qu'il vous reproche d'être en retard, le traiter de « conneau », c'est sans conteste une faute qui peut conduire tout droit à la porte... Les magistrats de la Cour de cassation ont, néanmoins, dans cette affaire, trouvé au coupable certaines circonstances atténuantes. L'intéressé s'était par la suite excusé. Il avait avec son employeur, et depuis plus de vingt ans, des relations très libres. Le terme était courant dans la profession et la région...

(11)

(12)

Il s'agit là d'une faute grave, ont estimé les magistrats : une telle violation volontaire de correspondance constitue un « manquement manifeste à l'obligation de réserve ». De quoi justifier l'ouverture d'une procédure de licenciement (Cass. soc., 5-3-1987).

---

(13)

Licenciement
PEUT-ON L'ANNULER ?

Le 25 mars, ce représentant reçoit une lettre de licenciement. Le 11 mai suivant, une seconde lettre lui parvient, qui finalement annule la première : l'employeur lui annonce qu'il revient sur sa décision et maintient les relations de travail. Trop tard, réplique l'intéressé, qui déclare s'en tenir au licenciement notifié le 25 mars et réclame les indemnités d'usage, augmentées de dommages-intérêts pour licenciement estimé abusif.

(14)

Pas du tout, estime la Cour de cassation : l'employeur peut accorder à l'un ou à l'autre la « pondération » qu'il souhaite, voire n'en considérer qu'un seul au mépris des autres (Cass. soc., 17-2-1987).

(15)

C'est tout à fait son droit, estime la Cour de cassation : si le salarié ne le souhaite pas, l'employeur n'est pas autorisé à retirer la notification d'un licenciement (Cass. soc., 11-6-1987).

(16)

---

(17)

(18)

Accidents du travail
CRIME PASSIONNEL

Econduit, ce « fiancé » s'était précipité – armé – au siège de l'entreprise où travaillait son ancienne amie pour lui demander de reprendre la vie commune. Elle a refusé. Il a tiré. Elle est morte.

Le Nouvel Économiste, n° 586-595-596-613-617/1987.

QU'EST-CE QU'UNE ENTREPRISE?

Par leur activité, leur taille, leur structure, les entreprises sont différentes les unes des autres. Pourtant, il existe des traits communs à l'ensemble des entreprises.

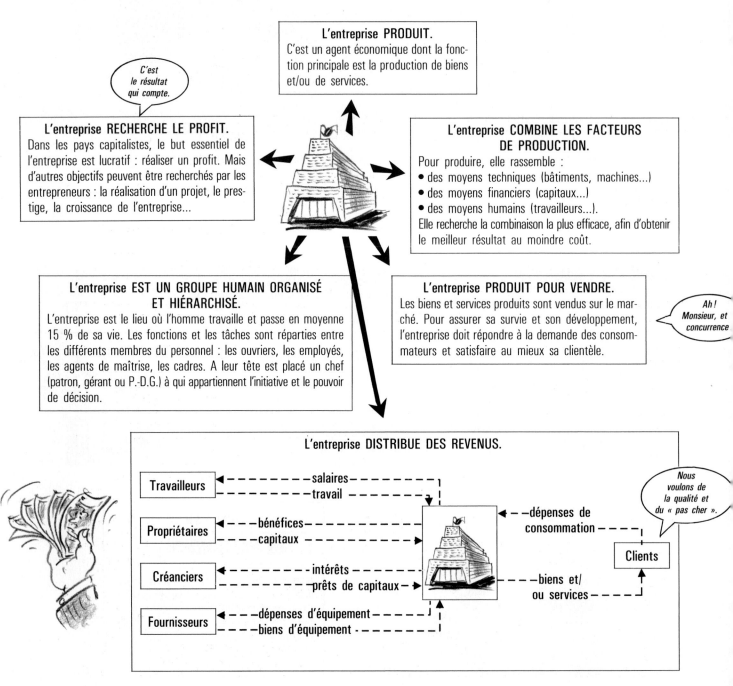

L'entreprise PRODUIT.
C'est un agent économique dont la fonction principale est la production de biens et/ou de services.

C'est le résultat qui compte.

L'entreprise RECHERCHE LE PROFIT.
Dans les pays capitalistes, le but essentiel de l'entreprise est lucratif : réaliser un profit. Mais d'autres objectifs peuvent être recherchés par les entrepreneurs : la réalisation d'un projet, le prestige, la croissance de l'entreprise...

L'entreprise COMBINE LES FACTEURS DE PRODUCTION.
Pour produire, elle rassemble :
• des moyens techniques (bâtiments, machines...)
• des moyens financiers (capitaux...)
• des moyens humains (travailleurs...).
Elle recherche la combinaison la plus efficace, afin d'obtenir le meilleur résultat au moindre coût.

L'entreprise EST UN GROUPE HUMAIN ORGANISÉ ET HIÉRARCHISÉ.
L'entreprise est le lieu où l'homme travaille et passe en moyenne 15 % de sa vie. Les fonctions et les tâches sont réparties entre les différents membres du personnel : les ouvriers, les employés, les agents de maîtrise, les cadres. A leur tête est placé un chef (patron, gérant ou P.-D.G.) à qui appartiennent l'initiative et le pouvoir de décision.

L'entreprise PRODUIT POUR VENDRE.
Les biens et services produits sont vendus sur le marché. Pour assurer sa survie et son développement, l'entreprise doit répondre à la demande des consommateurs et satisfaire au mieux sa clientèle.

Ah ! Monsieur, et concurrence

L'entreprise DISTRIBUE DES REVENUS.

Travailleurs	salaires / travail
Propriétaires	bénéfices / capitaux
Créanciers	intérêts / prêts de capitaux
Fournisseurs	dépenses d'équipement / biens d'équipement

dépenses de consommation

biens et/ou services

Clients

Nous voulons de la qualité et du « pas cher ».

1. CLASSER

a) **Complétez les phrases suivantes avec les mots qui conviennent.**

• Les pronoms relatifs : qui, que, dont, où, lequel, laquelle.
• Les prépositions de but : pour, en vue de, afin de, dans le but de.

b) **Attribuez chacune de ces définitions à son auteur :**

Définitions (réponses)	Auteurs
1 - Ce sont elles ... fabriquent et ... vendent ce ... nous avons besoin.	a - Un économiste
2 - C'est une cellule sociale ... les individus ont des statuts différents et parfois même des intérêts divergents.	b - Un salarié
3 - C'est un contribuable comme les autres ... doit payer ses impôts ... financer les services ... lui fournit la collectivité publique.	c - Un client-consommateur
4 - C'est le lieu ... je travaille et ... on me verse chaque mois un salaire.	d - Un juriste
5 - C'est l'organisme ... me verse chaque année un dividende ... rémunérer mon apport financier.	e - Un sociologue
6 - C'est un agent économique ... combine les facteurs de production ... produire des biens et/ou des services ... réaliser un profit.	f - Un syndicaliste
7 - Je définirai l'entreprise comme une institution ... a le plus souvent la personnalité morale et avec ... d'autres personnes concluent des contrats très divers.	g - Un fonctionnaire du fisc
8 - Pour moi, l'entreprise, c'est là ... les salariés doivent se battre ... obtenir les augmentations de salaires ... les patrons refusent toujours de leur accorder.	h - Un actionnaire

2. RECONSTITUER

Les parties des définitions suivantes ont été mises dans le désordre. A vous de les réécrire correctement.

CONCEPT	ÊTRE	CATÉGORIE	CARACTÉRISTIQUES
1 - Le créancier	est	le lieu	que les associés apportent à une société.
2 - Le droit du travail	est	la situation d'une personne	dont le but est de défendre les intérêts professionnels de ses membres.
3 - Le marché	sont	l'ensemble des fonds	relatives aux relations du travail.
4 - La pauvreté	est	l'ensemble des règles juridiques	où se rencontrent les acheteurs et les vendeurs et où se déterminent les prix et les quantités échangées.
5 - Le capital social	est	un organisme	destinés à assurer le financement des dépenses sociales.
6 - Le syndicat	est	la personne	à laquelle il est dû une certaine somme d'argent.
7 - Les cotisations	est	les prélèvements obligatoires	qui ne peut pas satisfaire ses besoins fondamentaux

POUR DÉFINIR	
L'entreprise est un organisme... Une entreprise, c'est un organisme... On $\left\{\begin{array}{l}\text{nomme}\\\text{appelle}\\\text{qualifie d'}\\\text{entend par}\\\text{veut dire par}\end{array}\right\}$ entreprise, l'organisme...	L'entreprise $\left\{\begin{array}{l}\text{peut être}\\\text{est}\\\text{se définit comme}\end{array}\right\}$ définie comme $\left.\right\}$ l'organisme... L'organisme (qui) .... $\left\{\begin{array}{l}\text{s'appelle}\\\text{est appelé}\\\text{est connu sous le nom d'}\end{array}\right\}$ entreprise.

SECTION 2 :
CLASSER ET CARACTERISER LES ENTREPRISES

1. CLASSIFICATION DES ENTREPRISES

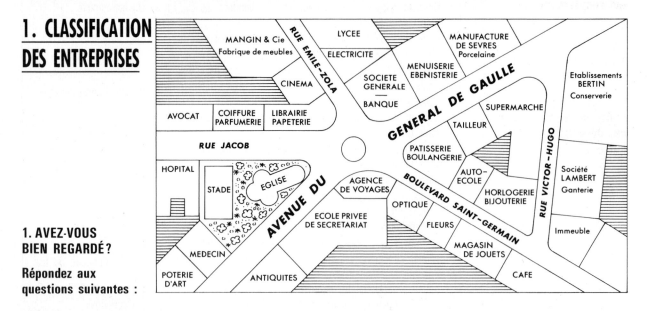

1. AVEZ-VOUS BIEN REGARDÉ ?

Répondez aux questions suivantes :

a - Le plan représente-t-il un village, une ville ou le quartier d'une ville ? Justifiez votre réponse.
b - Indiquez la profession des personnes qui exercent une activité économique dans ce quartier et précisez en une phrase la nature de l'activité de chacune d'elles.
Ex. : *l'horloger répare et vend des horloges, des montres, des pendules.*
c - Quels sont les loisirs possibles dans ce quartier ?

2. CLASSER.

Reportez tous les organismes du quartier dans le tableau suivant :

Entreprises	
a - fabriquant des biens pour les revendre directement aux consommateurs	
b - fabriquant des biens qu'elles ne vendent pas directement aux consommateurs, mais utilisant l'intermédiaire des commerçants	
c - vendant des biens qu'elles n'ont pas fabriqués	
d - vendant des services	
e - vendant des services et des biens qu'elles ont ou non fabriqués	
f - autres organismes	

3. CARACTÉRISER.

• **Quelles sont les caractéristiques des entreprises classées en 2a (fabriquant des biens pour les revendre directement aux consommateurs) ?**
a - Quelle est leur taille (petite, moyenne ou grande) ?
b - Quelle est l'importance de leurs équipements ?
c - Leur personnel est-il nombreux et très qualifié ?
d - Leur marché est-il local, régional, national ou international ?
e - Quel est leur statut juridique le plus fréquent ?
f - Appartiennent-elles au secteur privé ou public ?
g - Comment les appelle-t-on ?

• **Quelles sont les entreprises qui se trouvent dans votre quartier ? Indiquez pour quelques-unes d'entre elles leur enseigne, leur activité, leur taille, l'importance des locaux, les matières premières utilisées et la qualification de leurs employés.**

2. REMISE EN ORDRE

1. Les caractéristiques de six entreprises sont présentées en désordre dans le tableau I.
A vous de faire une présentation cohérente dans le tableau II, en attribuant à chacune de ces six entreprises les éléments qui lui reviennent.

TABLEAU I

Noms, raisons sociales	Secteurs	Branches	Types d'activité	Implantations géographiques	Moyens de production	Formes juridiques	Chiffre d'affaires (en millions de francs)	Personnel (nombre de salariés)	Étendue des marchés
Air France	Tertiaire	Agriculture	Fabrication d'automobiles, cycles, outils	France + 21 pays, généralement chauds et situés au bord de la mer	Usines, entrepôts, magasins	Société anonyme pour la filiale française	138 535	33 301 dont : – 27 129 au sol – 6 172 navigants	Clientèle des pays riches européens, USA, Canada
Philippe Hochet	Tertiaire	Services marchands aux particuliers	Équipement pour le traitement électronique de l'information	Commune rurale de Provence (Midi de la France)	90 hectares, 250 moutons, matériel, locaux	Société anonyme	6 386	Personnel permanent : 2 000 Personnel saisonnier : 18 500	Nationale + C.E.E.
Peugeot Citroën	Primaire	Bâtiment	Transport aérien	Petite ville de Bretagne	1 atelier + 1 camionnette + machines à bois	S.A.R.L.	6	1 ouvrier 1 berger	Mondiale (spécialement clientèle des pays desservis)
Club Méditerranée	Secondaire	Transport	Élevage	U.S.A. succursales et filiales dans la plupart des pays du monde	Bâtiments + flotte de 99 appareils (pour passagers et fret)	Société anonyme	31 200	5 ouvriers	Mondiale
Ferme Le Terrier	Secondaire	Matériel électrique et électronique	Menuiserie (fabrication portes, fenêtres)	France + 5 pays étrangers	Usines, laboratoires, bureaux	Société anonyme d'économie mixte	54 214 dollars soit 346 969	395 000	34 % du marché national + exportations dans 150 pays
I.B.M. Corporation	Secondaire	Métallurgie de transformation	Tourisme Hôtellerie	France + 78 pays desservis (161 escales)	137 villages-vacances, 9 hôtels	Entreprise individuelle	2,5	160 600 dont 30 300 à l'étranger	locale

TABLEAU II

Noms, raisons sociales	Secteurs	Branches	Types d'activité	Implantations géographiques	Moyens de production	Formes juridiques	Chiffre d'affaires (en millions de francs)	Personnel (nombre de salariés)	Étendue des marchés
Air France									
Philippe Hochet									
Peugeot Citroën									
Club Méditerranée									
Ferme Le Terrier									
I.B.M. Corporation									

2. Présentez, en un court paragraphe, chacune des entreprises.
3. Quel est, pour chaque entreprise, le montant du chiffre d'affaires par personne employée ? Comparez les résultats obtenus. Quelles conclusions en tirez-vous ?
4. Constituez le même dossier pour une ou plusieurs entreprises de votre pays.

SECTION 3 :

PRESENTER L'ORGANISATION DE L'ENTREPRISE

CONNAISSEZ-VOUS L'ENTREPRISE VECO?

1. Écoutez (ou lisez) le texte suivant.
Voici la présentation de l'entreprise VECO, faite par son directeur général, Gérard HOCHET, à un nouvel employé qui vient d'être engagé au service des approvisionnements, Bernard TINOT.

« Notre société se présente de la manière suivante :
Je **suis assisté** dans ma mission par trois proches collaborateurs : Raymond MAGUET, Pierre BURLAUD et Marc SAUVAGEOT, notre directeur commercial que vous connaissez déjà.

Monsieur Pierre BURLAUD **supervise** tout à la fois le service des études, **dirigé par** Jean DUBOIS, et le service de fabrication.

Les ateliers 1 et 2 qui comprennent chacun un chef d'équipe et quatorze ouvriers **sont placés sous la direction de** Joël DARMONT, chef de fabrication.

Jean DUBOIS **est,** quant à lui, **secondé par** deux dessinateurs et un technicien.

Placé sous l'autorité de Raymond MAGUET, Daniel VIDELIER **est responsable du** service du personnel. Il **est aidé de** 3 employés.

La comptabilité **a été confiée à** Martine BRUNET qui **travaille avec** deux comptables, un aide-comptable et une dactylo.

Quant à Robert MORIN, il **s'occupe de** la sécurité.

Enfin le directeur commercial **a sous sa responsabilité** Véronique PAVIOT, **responsable des** ventes, **assistée de** quatre employés et de trois représentants, Jeanne YVERT, chef de publicité, et puis André LANCIEN que je vous présenterai tout à l'heure, puisque c'est avec lui que vous allez travailler. Il **contrôle** les approvisionnements, mais aussi la gestion des stocks où **travaillent** trois magasiniers. »

Voilà, nous avons fait le tour de l'entreprise. Il vous reste maintenant à mettre des visages sur tous ces noms. »

1. QUELLE EST LA PLACE DE CHACUN?

1. A l'aide des indications fournies par la présentation du directeur général, complétez l'organigramme de l'entreprise VECO.

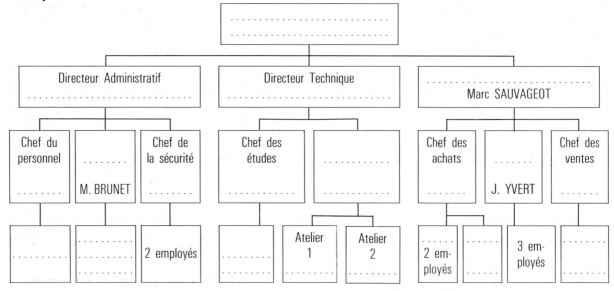

2. Présentez aux membres de votre groupe l'organigramme d'une entreprise que vous connaissez.

2. QUI FAIT QUOI?

1. Trouvez, dans la liste suivante, le verbe convenant à chacune des opérations énumérées.

Fournir, rechercher, fixer, coordonner, analyser, gérer, lancer, mettre au point, établir, maintenir, veiller.

2. Dites quelle personne ou quel service de l'entreprise sera chargé de les réaliser.

	personnes ou services concernés
a - Il (elle) .... les objectifs commerciaux et financiers à atteindre.	....
b - Il (elle) .... de nouveaux produits.	....
c - Il (elle) .... aux différents services les équipements nécessaires.	....
d - Il (elle) .... les résultats des enquêtes.	....
e - Il (elle) .... les activités des différents services de l'entreprise.	....
f - Il (elle) .... les ateliers.	....
g - Il (elle) cherche à .... et à .... des relations suivies avec la clientèle.	....
h - Il (elle) .... à ce que les consignes de sécurité soient bien respectées.	....
i - Il (elle) .... une campagne publicitaire.	....
j - Il (elle) .... de nouveaux moyens de financement.	....

3. QUEL EST LE DESTINATAIRE?

Effectuant un stage à VECO, vous avez été affecté(e) au service du courrier. Vous êtes donc chargé(e) de dépouiller chaque matin les lettres et documents de l'entreprise et de les classer en fonction de leurs différents destinataires.

Indiquez le nom de la personne à qui vous ferez parvenir :

documents	noms
a - Un catalogue d'articles proposés par un fournisseur.	....
b - Le rapport de visite d'un représentant.	....
c - Les résultats d'une étude de marché.	....
d - Une lettre de candidature spontanée accompagnée d'un curriculum vitae.	....
e - Un chèque en règlement d'une facture.	....
f - La lettre d'un client demandant une réduction exceptionnelle.	....
g - Un nouveau règlement de la prévention des accidents du travail.	....
h - Les nouveaux barèmes du SMIC (salaire minimum).	....
i - Un relevé de compte bancaire.	....
j - Une commande.	....

4. A QUI VOULEZ-VOUS PARLER?

Vous êtes toujours stagiaire à VECO. Mais du service courrier, vous passez au standard téléphonique.

Sur le répondeur-enregistreur de la société, vous trouvez un certain nombre de messages téléphoniques provenant d'interlocuteurs francophones.

Dites à quelle personne chacun des messages est destiné.

1er appel :
« Bonjour, ici Robert DUVAL, pour des raisons personnelles, je suis obligé de m'absenter. Je ne pourrai donc pas assister au conseil d'administration de cet après-midi. »

2e appel :
« Allô, bonjour, Michel CHERON, responsable du service achats de COPREC. Je n'ai toujours pas reçu vos tarifs. Pouvez-vous me les transmettre d'urgence ? »

3e appel :
« Allô. Ici Madame GRAND du magasin FLORIBELLE à LYON. Je n'ai pas encore reçu ma commande et je vais bientôt être en rupture de stock. Je compte sur une livraison immédiate. »

4e appel :
« Bonjour. C'est Jacques LEFROIT, responsable du service livraison de la société RIBERT et FILS. Nous sommes dans l'impossibilité de vous livrer cette semaine comme prévu. Nous vous rappellerons dans la matinée. »

5e appel :
« Allô, bonjour. Ici, Yves ROY. Je viens de recevoir votre facture. Je ne suis pas d'accord avec le montant. Vous avez omis de déduire les articles que je vous ai retournés. J'attends une facture rectifiée. »

6e appel :
« Allô. Ici Marcel LAINE de l'agence HAVAM à Paris. Je devais vous rencontrer mardi à 11 heures afin de vous présenter le projet que notre agence a conçu pour votre prochaine campagne publicitaire. Mais un empêchement ne me permettra pas d'être présent au rendez-vous. Serait-il possible de le reporter à jeudi prochain, même heure ? Merci de me donner votre accord au 27 35 40 72. »

SECTION 4 : ANALYSER L'ORGANISATION

1. GRANDE OU PETITE ENTREPRISE?

1. COMPLÉTER.
Mettez les prépositions qui conviennent dans les phrases du tableau ci-contre.

2. CARACTÉRISER.
Quelles sont, parmi les caractéristiques suivantes, celles qui s'appliquent plus particulièrement à la petite entreprise, à la grande entreprise ou aux deux à la fois?
Cochez la bonne réponse.

	petite entreprise	grande entreprise	petite et grande entreprise
1 - Le patron participe ... travail ... exécution.			
2 - L'avenir de l'entreprise est souvent lié ... la personnalité ... son chef.			
3 - La division ... travail et ... production est très poussée.			
4 - L'activité ... l'entreprise est très spécialisée.			
5 - L'entreprise a parfois une position dominante ... le marché.			
6 - La production s'effectue ... plusieurs établissements.			
7 - L'entreprise dispose ... puissants moyens ... financement.			
8 - Le chef d'entreprise est ... contact direct ... sa clientèle.			
9 - L'entrepreneur cherche avant tout ... sauvegarder son indépendance.			
10 - La fabrication se fait ... série.			
11 - L'entreprise est fortement hiérarchisée.			
12 - L'entreprise rencontre parfois ... graves difficultés ... financement.			
13 - L'entreprise obtient des prix d'achat avantageux ... la part ... ses fournisseurs.			
14 - Son marché est local.			
15 - Une grande partie de son chiffre ... affaires est souvent réalisée ... l'étranger.			
16 - La direction ... l'entreprise est collégiale.			
17 - La prévision est souvent absente et se fait ... court terme.			
18 - Le chef d'entreprise doit s'occuper ... un peu de tout.			
19 - Il y a de nombreuses possibilités ... promotion ... le personnel.			

3. DIRE SA PRÉFÉRENCE.

Préférez-vous (préféreriez-vous) travailler dans une petite ou dans une grande entreprise? Dites pourquoi.

2. L'ENTREPRISE FAMILIALE

1. CRITIQUER ET PROPOSER.

Après avoir pris connaissance de la situation de la maison AUDOIN, répondez aux questions suivantes et discutez avec les membres de votre groupe.

a - L'organisation de l'entreprise AUDOIN vous paraît-elle satisfaisante ?

b - Que feriez-vous à la place de Charles AUDOIN pour assurer le bon fonctionnement de l'entreprise ?

– Quelles seraient les conséquences de votre décision ?

– D'après vous, comment réagiraient les personnes concernées ?

2. JEU DE RÔLES.

Le conseil de direction de la maison AUDOIN est convoqué aujourd'hui par Charles AUDOIN pour une réunion importante.

– Sont présents : Charles AUDOIN, Édouard AUDOIN, René LEGRAIN, André GROSSET, Frédéric GAUTHIER et Paul AUDOIN, revenu de son séminaire de formation.

– Objet de la réunion : Charles AUDOIN doit annoncer une profonde réorganisation de l'entreprise et présenter le nouvel organigramme.

Chaque membre de la direction est invité à donner son avis sur les changements intervenus.

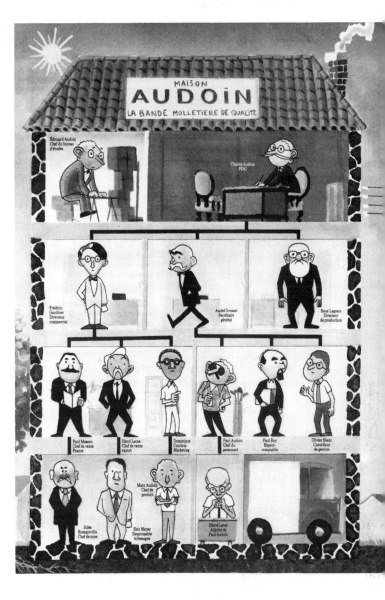

LES AMBIVALENCES D'UN DIRIGEANT D'ENTREPRISE FAMILIALE

Charles-Audoin, 55 ans, PDG, fils, petit-fils et arrière-petit-fils d'entrepreneur, n'a pas la tâche facile. Il est partagé entre le désir d'intégrer de nouvelles compétences et de donner leurs chances aux « jeunes et brillants diplômés » et l'estime qu'il porte à ses « grognards ». La présence à ses côtés de son fils Édouard, 28 ans, dont il ne sait pas encore s'il sera capable de lui succéder, brouille encore les cartes. Quant à son frère Paul, notoirement incompétent, il faudra bien lui dire un jour qu'il n'a plus sa place dans l'organigramme...

LES ÉTATS D'ÂME DE L'HÉRITIER PRÉSOMPTIF

 Edouard Audoin n'en peut plus. Depuis que son père l'a engagé dans l'entreprise comme responsable du bureau d'études, ce jeune diplômé des Arts et Métiers ronge son frein. Il se heurte sans cesse à l'inertie du secrétaire général André Grosset et du directeur de production René Legrain, deux amis d'enfance de son père. Quant à ses rapports avec Frédéric Gauthier, le jeune directeur commercial dévoré d'ambition, ils sont carrément conflictuels. Si seulement son père pouvait lui manifester son soutien, se dit-il !

LES INSUFFISANCES DU FRÈRE CADET

 Paul Audoin, 53 ans, autodidacte, frère de Charles, chef du personnel en titre, vient d'annoncer son intention de partir la semaine prochaine en séminaire de formation aux Bermudes. Une fois de plus, c'est **Hervé Leval**, 34 ans, son adjoint, qui fera le travail à sa place. « Qu'on me donne le titre et le salaire qui me reviennent de droit, ou je vais aller voir ailleurs », a-t-il avoué à Frédéric Gauthier, le directeur commercial. Paul Audoin n'en a cure : il se sait protégé par son frère Charles et par le secrétaire général André Grosset, avec qui il joue au golf.

LES AMBITIONS FRUSTRÉES D'UN JEUNE ET BRILLANT DIPLÔMÉ

Frédéric Gauthier s'impatiente. Il est très fier d'avoir réussi le re-déploiement des produits et réorganisé les services commerciaux. Mais il aimerait évoluer vers un poste de directeur général. Autant dire qu'il est très mal vu par André Grosset et René Legrain, les deux autres directeurs, quatre fois mieux payés que lui, et par le fils de famille, Edouard Audoin, héritier présomptif du trône ! Si rien ne change d'ici quelques mois, c'est sûr, il part !

« Ces messieurs qui ne sont pas de la famille » par Dominique MICHEL,
L'Entreprise, n° 36 / juillet-août 1988.

SECTION 5 :
PRESENTER LES DIFFERENTES FORMES JURIDIQUES
DES ENTREPRISES

Formes juridiques Caractéristiques	Entreprise individuelle	Société en nom collectif S.N.C.	Société à responsabilité limitée S.A.R.L.	Société anonyme S.A.
Combien d'associés ?	1	2 minimum	2 minimum 50 maximum	7 minimum
Quel est le statut juridique des associés ?	Il a le statut de commerçant.	Ils ont le statut de commerçants.	Ils ne sont pas commerçants.	
Quel est le montant minimum du capital ?	Aucun. Le patrimoine de l'entreprise n'est pas distinct de celui de l'entrepreneur.	Pas de capital minimum légal. Le capital est divisé en parts sociales.	50 000 F Le capital est divisé en parts sociales.	250 000 F Le capital est divisé en actions * (1 500 000 F si appel public à l'épargne).
Quelle est la responsabilité financière du ou des propriétaire(s) ?	L'entrepreneur est responsable des dettes de l'entreprise sur ses biens personnels.	Les associés sont solidairement responsables sur leurs biens personnels.	Les associés sont solidairement responsables dans la limite de leur apport à la société.	
Qui gère ?	L'entrepreneur ou un gérant.	Un ou des gérant(s) associé(s) ou non, désignés par les associés.	Un gérant, associé ou non, désigné par les associés.	Peut être administrée de deux façons : – soit par un Conseil d'Administration, avec à sa tête un P.D.G. (Président-Directeur Général) ; – soit par un Directoire (2 à 5 membres, actionnaires ou non).
Qui contrôle la gestion ?	L'entrepreneur propriétaire.	Les associés.	Les associés.	– Les actionnaires réunis en assemblée générale. – Le Conseil de Surveillance en cas de gestion par un Directoire.
L'associé peut-il céder sa part à un tiers ?	Tout à fait librement.	Il doit obtenir l'accord de tous les autres associés.	Il doit obtenir l'accord de la majorité des autres associés.	Tout à fait librement, en particulier sur le marché de la Bourse.

* Ceux qui possèdent des actions sont appelés « actionnaires ».

1. COMPARER LA S.A.R.L. ET LA S.A.

1. COMPLÉTER.

Vous expliquez à votre collègue les différences qu'il y a entre la S.A.R.L. et la S.A. françaises.

Complétez les phrases suivantes :

a - « Le .... minimum est plus important pour la S.A. que .... »

b - « .... limité à 50 ....
Par contre leur nombre .... pour la S.A. »

c - « Les associés de .... et .... statut identique : ils ne sont pas .... »

d - « Chaque .... détient des parts sociales. En revanche .... des actions . »

e - « La responsabilité des .... la même. Dans les deux cas .... solidairement .... à la société. »

f - « La gestion d'une S.A.R.L. .... gérant, tandis que .... ou un Directoire. »

g - « Ceux qui apportent l'argent nécessaire ...., alors que .... actionnaires. »

h - « Le contrôle de la gestion .... similaire : pour la S.A. comme pour .... les propriétaires, ... ou actionnaires. »

i - « La cession des parts .... limitée. Au contraire .... entièrement libre. »

j - « Finalement, la .... généralement plus petite que .... »

2. TROUVER LA DIFFÉRENCE.

Dans les phrases précédentes, soulignez d'un trait de couleur différente les expressions qui indiquent :
– un rapport d'égalité/de différence (en rouge) ;
– un rapport de supériorité/infériorité (en bleu) ;
– une opposition (en noir).

2. CARACTÉRISER

1. Parmi les caractéristiques suivantes, indiquez celles correspondant aux quatre types d'entreprises. Pour cela, reportez-vous au tableau de la page précédente.

2. Indiquez, parmi ces caractéristiques, celles qui sont plutôt des avantages et celles qui sont plutôt des inconvénients.

Caractéristiques	Entreprise individuelle	Société en nom collectif	Société à responsabilité limitée	Société anonyme
1 - Elle appartient à un seul propriétaire.				
2 - Il faut être au moins 7 pour la constituer.				
3 - Elle ne peut pas rassembler plus de 50 associés.				
4 - Les associés peuvent vendre librement leurs parts.				
5 - Il n'y a pas de capital minimum fixé.				
6 - Son capital est divisé en parts sociales.				
7 - Ses associés ne sont pas commerçants.				
8 - La responsabilité des associés est limitée au montant de leur apport.				
9 - Elle est administrée par un ou plusieurs gérants.				
10 - Son capital est divisé en actions librement négociables.				
11 - Le chef d'entreprise a une totale liberté d'action.				
12 - Il est possible de la créer avec peu de moyens financiers.				
13 - Le(s) propriétaire(s) doit (doivent) apporter au moins 50 000 F.				
14 - Son patrimoine se confond avec celui de son entreprise.				
15 - Les revenus distribués au(x) propriétaire(s) proviennent des bénéfices réalisés.				
16 - Le(s) propriétaire(s) est (sont) responsable(s) sur l'ensemble de ses (leurs) biens.				
17 - Les associés ne peuvent vendre leurs parts qu'avec l'accord des autres associés.				
18 - Les responsables de l'entreprise sont désignés par les associés.				
19 - Il n'est pas nécessaire de disposer d'un capital minimal.				
20 - Le pouvoir de chaque associé est proportionnel au nombre de parts apportées.				

3. ÉTUDE DE CAS

CAS 1

MM. Moison et Bertret ont décidé de s'associer. Ils ont choisi de constituer une société anonyme.
Est-ce possible ?

CAS 2

Deux frères et deux sœurs viennent d'hériter d'un magasin de chaussures d'une valeur de 200 000 F. Ils désirent garder ce commerce et envisagent de constituer une société.
Quelle forme de société pouvez-vous leur conseiller, en tenant compte du nombre d'associés, de l'importance des apports et du fait qu'ils ne sont pas commerçants et ne désirent pas le devenir ?

CAS 3

M. Bertrand est à la tête d'une petite entreprise, évaluée à 90 000 F. Désirant s'agrandir, il voudrait s'associer avec un ami, M. Richard. Celui-ci apporterait également 90 000 F et ensemble, ils pourraient créer soit une S.A.R.L., soit une S.N.C. Cependant M. Richard hésite beaucoup à s'engager. Pour le décider, M. Bertrand lui propose de convenir que, si la société réalise des bénéfices, il en recevra 75 % et que, si elle fait des pertes, lui-même les supportera intégralement.
Que pensez-vous de la proposition de M. Bertrand ?

ENTREPRENDRE

SECTION 1 : CREER, OUI OU NON?

LES CADRES ET LA CRÉATION D'ENTREPRISE

D'après ce que vous avez pu observer autour de vous, quelle est la motivation principale du créateur d'entreprise?

(en %, trois réponses possibles)

Il ne veut avoir de comptes à rendre à personne	50
Il a le goût du risque	48
Il veut créer un nouveau produit, lancer une idée	45
Il veut prouver ses capacités (à lui-même et aux autres)	40
Il veut être patron	38
Il veut accéder à une certaine position sociale	28
Il veut faire fortune	27
Il veut être utile à la collectivité	15
Il veut associer son nom à une entreprise	6

Et quel est le principal obstacle qu'il rencontre?

Le poids des charges sociales	46
La crise économique	43
Le risque financier	41
Les complications administratives	41
Le poids de la fiscalité	31
Le taux élevé du crédit	23
La difficulté de licencier	22
L'environnement politique	20
Le sacrifice de sa vie privée	18
La peur de l'échec personnel	13

L'Expansion, 7/20 septembre 1984.

1. COMMENTER UN SONDAGE

1. D'après le sondage précédent, peut-on dire que c'est vrai ou faux?	VRAI	FAUX
1 - Seul un petit nombre de cadres dit que la création est liée à la volonté d'associer son nom à une entreprise.		
2 - Près d'un tiers des cadres estiment qu'on ne crée pas d'entreprise en raison de l'importance des impôts à payer.		
3 - Les trois quarts des cadres pensent que la motivation principale du créateur est le désir d'indépendance.		
4 - Une minorité de cadres admet que le principal empêchement à la création est la situation économique actuelle.		
5 - Une très forte majorité de cadres considère le poids des charges sociales comme le principal obstacle à la création.		
6 - Parmi les cadres, environ un quart prétendent que l'on crée une entreprise pour gagner beaucoup d'argent.		
7 - La plupart des cadres déclarent que le désir de participer au développement de son pays constitue la motivation la plus importante du créateur.		
8 - La presque totalité des cadres affirme que ce qui motive les créateurs, c'est la volonté de lancer un produit nouveau.		
9 - Près de trois cadres sur dix soutiennent que certains créent une entreprise pour acquérir un meilleur statut social.		

2. Soulignez dans les phrases ci-dessus :

– en bleu, les termes et expressions indiquant la quantité; – en noir, les verbes exprimant une opinion.

2. CRÉER? OUI, MAIS...

1. VOULEZ-VOUS DEVENIR VOTRE PROPRE PATRON?

Écoutez (ou lisez) les déclarations suivantes :

1. Je deviendrais bien mon propre patron, **mais** en ce moment la conjoncture économique n'est pas très favorable.
2. Devenir chef d'entreprise? Oui, ça m'intéresserait, **malheureusement** il faut des capitaux et je n'ai pas d'argent.
3. J'aimerais bien démarrer quelque chose, **seulement voilà,** je suis chef de famille avec 3 enfants.
4. Créer une société, ce serait mon rêve, **mais** je n'ai pas le tempérament d'un « battant ».
5. Fonder une boîte, pourquoi pas? **Seulement voilà,** j'ai actuellement un salaire confortable que je risque de ne pas retrouver en cas d'échec.
6. Je voudrais bien créer une petite société, **malheureusement** je n'ai aucune expérience de la gestion.
7. J'ai envie d'ouvrir un commerce, **mais** j'ai déjà beaucoup de dettes.
8. Si je pouvais me mettre à mon compte, ce serait le rêve, **seulement voilà,** j'ai déjà fait un essai et j'ai échoué.
9. Tout ce que je souhaite, c'est créer un jour mon entreprise, **malheureusement** pour l'instant je n'ai pas de relations.

2. EXCUSES OU PRÉTEXTES?

Vous êtes persuadé que vos interlocuteurs vous donnent non pas des raisons valables, mais de simples prétextes.

Essayez de les convaincre de créer leur entreprise, en répondant à leur argument par un contre-argument.

Exemple :
« Vous dites que vous n'avez pas de capitaux, mais vous savez bien qu'il existe des aides et des prêts à des taux très bas pour les créateurs d'entreprise. »
A vous!...

3. CONSEILLER

Vous donnez à de futurs créateurs des conseils pour assurer le succès de leur entreprise. Inspirez-vous du document ci-contre et du tableau suivant.

POUR EXPRIMER LA CONDITION
• Pour réussir, il faut...
• Si vous voulez réussir, vous devez...
• Vous ne réussirez que si...
• Vous réussirez en...
• La solution de la réussite est de...
• Le meilleur moyen de réussir est de...
• La condition pour réussir, c'est de...

LES DIX RÈGLES D'OR DU CRÉATEUR

1. FONDER L'ENTREPRISE SUR SON SAVOIR-FAIRE : en créant son affaire, le futur chef d'entreprise ne doit pas changer de métier. Son meilleur atout : les compétences et l'expérience qu'il a pu acquérir au cours de sa vie professionnelle.

2. MINIMISER LES RISQUES : les entrepreneurs qui réussissent sont des professionnels qui savent analyser et limiter les risques inhérents à leur projet.

3. SPÉCIALISER SON ACTIVITÉ : il ne faut pas chercher à couvrir tous les besoins d'un marché. Les créneaux précis, les micro-marchés doivent avoir la préférence des créateurs.

4. CRÉER SELON SES MOYENS : le projet de création doit être adapté aux moyens financiers dont on peut disposer. Les primes et les subventions à la création d'entreprises, les incitations diverses ne peuvent être que marginales dans le projet. L'appel à la sous-traitance apporte la souplesse nécessaire.

5. NE COMPTER QUE SUR SOI-MÊME : diriger une entreprise, c'est savoir prendre des décisions, et assumer des responsabilités. N'attendez pas que d'autres agissent à votre place.

6. SAVOIR S'ENTOURER ET S'INFORMER : il ne faut pas hésiter à contacter les organismes adéquats, les dirigeants d'entreprise qui travaillent dans votre secteur d'activité pour profiter de leur expérience.

7. FAIRE APPEL AUX COMPÉTENCES DES AUTRES : on ne peut pas tout faire soi-même; il vaut mieux déléguer certaines tâches juridiques et fiscales à des spécialistes pour pouvoir se consacrer à l'essentiel.

8. CONVAINCRE SON ENTOURAGE : il est préférable de ne pas avoir à choisir plus tard entre sa famille et son entreprise.

9. BIEN CHOISIR SES ASSOCIÉS : en cas de désaccord, c'est l'existence même de l'entreprise qui est en danger.

10. ÉVITER LES INVESTISSEMENTS IMPRODUCTIFS : il vaut mieux investir dans le commercial ou la recherche que dans les terrains ou les murs.

SECTION 2 : AVOIR LE BON PROFIL

1. AVEZ-VOUS L'ESPRIT D'ENTREPRISE?

1. TESTEZ-VOUS.

Cochez la réponse qui convient.

1 - Quelle était la profession de vos parents ? a - Artisan, commerçant, patron b - Ouvrier, profession libérale c - Fonctionnaire, employé 2 - Avez-vous gagné de l'argent avant l'âge de 21 ans ? a - Oui b - Non 3 - Quel âge avez-vous ? a - Moins de 30 ans b - Entre 30 et 40 ans c - Plus de 40 ans 4 - Êtes-vous marié(e) ? a - Oui b - Non 5 - Quelles motivations vous conduiraient à créer votre entreprise ? a - L'argent b - L'indépendance c - La notoriété	6 - Envisageriez-vous de vous associer ? a - Oui b - Non 7 - Si vous étiez aux courses, sur quel cheval paririez-vous ? a - Le favori b - Sur un cheval donné gagnant à 10 contre 1 c - Sur un cheval donné gagnant à 30 contre 1 8 - Quel est le facteur le plus important pour créer une entreprise ? a - Les relations b - Avoir un produit techniquement fiable c - Des clients d - Travailler durement 9 - De ces différentes professions, laquelle choisiriez-vous ?	a - Joueur(se) de tennis professionnel(le) b - Vendeur(euse) c - Conseil en entreprise d - Médecin 10 - Avez-vous une expérience professionnelle ? a - Moins de 5 ans b - De 5 à 10 ans c - Plus de 10 ans 11 - Créer une entreprise, cela permet de gagner beaucoup d'argent ! Êtes-vous d'accord ? a - D'accord b - D'accord, mais après quelques années c - Pas d'accord 12 - Il est utile de savoir qui est responsable pour obtenir des résultats. a - D'accord b - Cela dépend des circonstances c - Pas d'accord

Résultats du test

1 - a - 5 points b - 2 points c - 0 point	3 - a - 2 points b - 5 points c - 2 points	5 - a - 0 point b - 10 points c - 0 point	7 - a - 0 point b - 5 points c - 0 point	9 - a - 2 points b - 5 points c - 0 point d - 0 point	11 - a - 0 point b - 5 points c - 0 point
2 - a - 5 points b - 0 point	4 - a - 5 points b - 0 point	6 - a - 0 point b - 10 points	8 - a - 0 point b - 0 point c - 10 points d - 0 point	10 - a - 2 points b - 5 points c - 7 points	12 - a - 10 points b - 0 point c - 0 point

2. JUSTIFICATIONS DES RÉSULTATS.

Voici, données en désordre, les justifications pour le nombre de points accordés à chaque question du test. A vous de retrouver à quelle question du test se rapporte chacune des explications.

a - L'âge idéal pour entreprendre se situe entre la trentaine et la quarantaine.

b - La principale motivation est le désir d'indépendance.

c - Il faut vendre! Peu importe la qualité du produit si vous n'avez pas de marché.

d - Il y a plus d'entrepreneurs dans les milieux où l'un des parents travaillait à son compte.

e - Les créateurs qui réussissent ont souvent plus de 10 ans d'expérience professionnelle.

f - Savoir responsabiliser les gens et vouloir être responsable de ses actions, voilà deux qualités primordiales de l'entrepreneur.

g - Être jugé sur ses résultats, c'est ce que doit rechercher avant tout le créateur.

h - Des études ont montré que l'esprit d'entreprise venait très tôt aux futurs entrepreneurs.

i - N'oubliez pas que nous avons déjà vu que la principale motivation est l'indépendance ou l'autonomie.

j - L'entrepreneur doit savoir prendre des risques, mais des risques calculés.

k - Les premières années sont souvent difficiles et l'on gagne souvent moins d'argent que dans son activité antérieure.

l - La plupart des créateurs sont mariés, l'époux (épouse) jouant souvent un rôle déterminant dans le développement de l'entreprise.

Agence Nationale pour la Création d'Entreprises

3. PORTRAIT DU CRÉATEUR.

Faites le portrait du créateur d'entreprise.

2. ET APRÈS?

Imaginez la suite de cette bande dessinée.

L'Expansion, 7/20 septembre 1984.

3. SUIS-JE FAIT POUR ÊTRE PATRON?

1. Répondez aux questions par des phrases complètes en choisissant la réponse qui vous convient ou en en trouvant une autre.

1 - Si vous disposiez de 500 000 F, qu'en feriez-vous pour l'essentiel ?

Répondez : Si je disposais de 500 000 F, je...
  – un placement immobilier ;
  – une entreprise ;
  – des valeurs mobilières ;
  – plaisir.

2 - Si vous deviez créer une entreprise, quel serait votre point fort ?

Répondez : Si je devais créer une entreprise, je...
  – la rigueur dans la gestion ;
  – la compétence technique ;
  – le dynamisme commercial ;
  – une forte puissance de travail ;
  – le sens de l'innovation ;

  – le goût du risque ;
  – les possibilités financières personnelles.

3 - Si vous deviez créer une entreprise, que choisiriez-vous ?

Répondez : Si je devais créer une entreprise, je...
  – une entreprise de services ;
  – une entreprise industrielle ;
  – une entreprise travaillant uniquement sur le marché français ;
  – une entreprise ayant vocation à exporter.

4 - Si l'entreprise que vous avez créée était une réussite, quel serait votre objectif matériel principal ?

Répondez : Si l'entreprise que j'ai créée était une réussite, mon objectif...
  – d'améliorer le patrimoine familial ;
  – de profiter de la vie.
  – Etc.

2. Si vous aviez une entreprise à créer, quelle activité choisiriez-vous ? Donnez les raisons de votre choix.

3. *Votre revenu mensuel est actuellement de 10 500 F. (Calculez, d'après le cours du jour, l'équivalent en monnaie de votre pays.)*

a - **Si ce revenu doublait, quelles dépenses augmenteriez-vous ? Classez-les par ordre de priorité et en pourcentage.**

b - **Si ce revenu baissait de moitié (– 50 %), quelles dépenses diminueriez-vous en priorité ?**

c - **Comparez vos résultats avec ceux des autres membres de votre groupe et discutez-en.**

POUR EXPRIMER L'HYPOTHÈSE		
• SI { JAMAIS / PAR HASARD / PAR BONHEUR / PAR CHANCE }	je disposais de 500 000 F...	
• A SUPPOSER QUE / • EN SUPPOSANT QUE / • EN ADMETTANT QUE	(+ subjonctif) je dispose de 500 000 F	je partirais en voyage
• AU CAS OÙ / • DANS LA MESURE OÙ / • DANS L'HYPOTHÈSE OÙ	(+ conditionnel) je disposerais de 500 000 F	
• AVEC / • EN DISPOSANT DE	500 000 F	

SECTION 3 : AVOIR UNE IDEE

1. ÉTUDIER LE PROJET

Vous souhaitez ouvrir à Paris un magasin de spécialités gastronomiques de votre pays. Vous disposez de 250 000 F et vous estimez que le total des investissements peut être évalué à 350 000 F dont 200 000 F pour l'emplacement de l'entreprise. Avant de vous mettre à votre compte, vous procédez à une étude préalable de votre projet.

Pour vous aider à mieux préciser votre projet, répondez aux questions suivantes :

ÉTUDE DU PROJET

ÉLÉMENTS À ÉTUDIER	
Le produit ou le service : • Quel produit vendez-vous ? • Est-il réellement nécessaire ? • Quels sont les produits concurrents ?	*Le local commercial* • A quel endroit doit être implantée votre entreprise ? • Quelle doit être sa superficie ? • Quels sont les matériels et les équipements dont vous avez besoin ?
Le marché • Qui achètera votre produit ? • Ce marché est-il saisonnier ? • Quelle est la taille de la concurrence ?	*L'étude financière* • Quel est le montant de votre apport financier ? • Quel est le montant prévisionnel des investissements (local commercial, matériels et équipements) ? • Quelle somme avez-vous besoin d'emprunter ?

2. ANALYSER LES PETITES ANNONCES

Vous avez relevé dans la presse des annonces concernant la vente ou la location de commerces.

1. Vous comparez les petites annonces en complétant le tableau ci-dessous :

75006 PARIS. Centre commercial :
BOULANGERIE

75015 - TOUR EIFFEL
Front de Seine. Centre commercial de 80 commerces. Très fréquenté. Secteur d'habitation, de bureaux de touristes étrangers :
BOUTIQUE TRÈS BIEN PLACÉE
Surface : 25 m². Belle vitrine. Commerce actuel de matériel micro-informatique, possibilité autres commerces. Loyer mensuel : 3 300 Frs. Bail reste 3 ans. A saisir cause développement. Tél. au : 16 (1) 42.22.05.55 heures bureaux.
Prix demandé : 110 000 Frs
Réf. 96407

Surface commerciale : 35 m². Cave : 50 m². Arrière boutique : 12 m². Vitrine : 6 m. Accès pour livraison. Loyer : 5 300 Frs c/c. Bail 3 × 6 × 9, reste 6 ans. C.A. : 1,2 MF.
Tél. au : 16 (1) 48.55.13.82
Prix de Vente : 810 000 Frs.
Réf. 94100 b

75019 - PARIS. Dans cité très importante : BAZAR FLEURS ET PLANTES. Magasin : 25 m² + réserve et frigo. Agencement et matériel complet. Très bonne rentabilité. Tél. au : 16 (91) 70.60.47 le soir après 20 h. Prix de vente : 200 000 Frs.
Réf. 96622.

	Annonce 1	Annonce 2	Annonce 3
Nature du commerce actuel			
Superficie du local			
Lieu d'implantation			
Prix du loyer			
Prix de vente du commerce			

2. Quel local choisissez-vous pour créer votre entreprise de vente de produits gastronomiques de votre pays ? Justifiez les raisons de votre choix.

3. UNE IDÉE A SUIVRE : UN CRÉATEUR RACONTE

Catherine Coste a aujourd'hui 30 ans. A 24 ans, elle a créé sa propre entreprise « Tout pour le bain ». Son nom commence à être connu puisqu'elle exploite actuellement trois boutiques.
Elle répond aux questions d'une journaliste qui l'interviewe sur la création de son entreprise.

Écoutez (ou lisez) l'interview.

« *Catherine Coste, racontez-moi vos débuts.* »
– « Après avoir obtenu à 18 ans un brevet d'études professionnelles, j'ai travaillé au service de la comptabilité d'une grande entreprise textile où je suis restée pendant cinq ans jusqu'à la naissance de ma fille. Mon mari était plombier. On a eu envie de travailler ensemble et non plus comme ça, chacun de son côté. Et puis nous sommes tous deux enfants de commerçants... Quinze mois après la naissance de notre fille, on a ouvert notre premier magasin. »

– « *Mais pourquoi avoir choisi d'ouvrir une boutique spécialisée dans les accessoires pour salle de bains?* »
– « J'avais remarqué que lorsqu'on voulait équiper une salle de bains, on allait chez l'un pour les robinets, chez l'autre pour les lampes et la glace, chez l'autre encore pour le linge... Bref, c'était la course. J'ai pensé qu'il y avait là un marché à prendre. Et puis mon mari connaissait bien la partie. »

– « *Quelles ont été vos difficultés au départ?* »
– « On a démarré avec 15 000 F d'économies qui ont servi à louer une boutique. On a emprunté 25 000 F pour financer quelques gros travaux indispensables. Pour le reste, on s'est transformé nous-mêmes en peintres et décorateurs et on ne s'est pas attribué de salaire pendant deux ans. On travaillait 12 heures par jour, 6 jours par semaine. Mon mari s'occupait de la technique, moi de la gestion et du style. »

– « *Le magasin a-t-il réussi tout de suite?* »
– « Oui, le succès ne s'est pas fait attendre. La boutique a tout de suite attiré la clientèle du quartier. Et puis comme il n'y avait guère de concurrence, tous les achats pour salles de bains photographiées dans les magazines se sont faits chez nous. Nous avons ainsi très vite bénéficié d'une publicité gratuite. »

– « *Avez-vous eu des problèmes financiers?* »
– « La première boutique est vite devenue trop petite. Nous avons utilisé les 300 000 F de capital provenant de la vente de notre commerce à l'achat d'un nouveau magasin. On pensait qu'on nous prêterait sans problème les sommes nécessaires à la constitution du stock. On s'est alors heurté à d'énormes difficultés, les banques aiment bien les contreparties solides. Il y a tout un apprentissage à faire dans ce genre de négociations. Heureusement que les fournisseurs nous ont fait confiance. »

– « *Où en êtes-vous aujourd'hui?* »
– « Trois ans après l'ouverture de notre première boutique, nous en avons ouvert une seconde à Lyon, puis dans la même année une autre à Bruxelles. Il est question d'une première franchise à Lausanne pour la fin de l'année. »

1. AVEZ-VOUS BIEN COMPRIS?

1 - A quel âge Catherine Coste a-t-elle eu sa fille?
2 - A quel âge a-t-elle ouvert sa première boutique?
3 - Quelle est la profession des beaux-parents de Catherine Coste?
4 - Pourquoi Catherine Coste s'est-elle intéressée aux accessoires pour salles de bains?
5 - Quel a été le montant des investissements lors de la création de l'entreprise?
6 - Combien d'heures par semaine Catherine Coste travaillait-elle?
7 - Catherine Coste a-t-elle fait de la publicité pour faire connaître sa boutique?
8 - Quelle somme d'argent Catherine Coste a-t-elle investie pour l'achat de sa deuxième boutique?
9 - Combien de boutiques Catherine Coste possède-t-elle en France?
10 - Combien de boutiques possède-t-elle à l'étranger?

2. A VOUS DE RACONTER.

Écrivez l'histoire de cette création d'entreprise en transformant cette interview en récit.

SECTION 4 : SE METTRE A SON COMPTE

QUE FAUT-IL FAIRE?

Ursula, une jeune Allemande, souhaite s'établir en France. Elle rencontre Robert, un ami français, qui vient de se mettre à son compte.

Écoutez (ou lisez) le dialogue entre Ursula et Robert.

Ursula : Salut, Robert. Alors, dis-moi, comment vont les affaires ?

Robert : Tiens, bonjour, Ursula. Pas mal. Tu sais, ça fait un an que je suis installé. Au début, ça a été un peu difficile. Mais maintenant je suis content. Je viens même d'embaucher un vendeur. Et toi, que deviens-tu ?

Ursula : Je viens de terminer une école de commerce et comme j'ai hérité d'un peu d'argent, je voudrais bien ouvrir une petite boutique de spécialités gastronomiques de mon pays.

Robert : Voilà une excellente idée. Mais pour se mettre à son compte, les formalités sont un peu compliquées.

Ursula : Justement, je compte sur toi pour m'aider.

Robert : Pour commencer, tu peux t'adresser au centre de formalités des entreprises. Là, on s'occupera de te faire immatriculer au Registre du Commerce.

Ursula : Qu'est-ce que ça veut dire, immatriculer ?

Robert : Tu recevras un numéro qui devra figurer sur tous tes documents commerciaux : tes commandes, tes factures et même tes lettres commerciales.

Ursula : D'accord. Et après ça ?

Robert : Dès que tu seras inscrite, il faudra constituer un dossier pour obtenir une ligne téléphonique et te faire ouvrir un compte à la poste ou à la banque.

Ursula : Bon, je vois. Et après toutes ces formalités je pourrai ouvrir mon commerce ?

Robert : Oui. Mais si tu préfères, tu peux aussi créer une société.

Ursula : Quel est l'intérêt ?

Robert : Le statut fiscal et social est parfois plus avantageux.

Ursula : Ça m'intéresse. Qu'est-ce que je dois faire ?

Robert : Dès la création de ton commerce tu dois rédiger les statuts de ta société ; c'est un texte qui indique comment est constituée ton entreprise et comment elle fonctionne. Ensuite, tu auras 8 jours après ton inscription au Registre du Commerce pour les faire publier dans un bulletin d'annonces légales.

Ursula : C'est bien compliqué ! Mais pourquoi tout ça ?

Robert : Pour permettre au public d'être informé de la création de ton entreprise.

Ursula : Je te remercie de tes conseils, Robert. Je te tiendrai au courant de mes démarches.

Robert : Bon courage, Ursula, et à bientôt !

1. AVEZ-VOUS BIEN COMPRIS?

**Dans quel ordre chronologique faut-il remplir les formalités de constitution d'une société?
Indiquez dans les carrés leur numéro d'ordre.**

☐ Se faire immatriculer au Registre du Commerce et des Sociétés.

☐ Constituer un dossier aux Postes et Télécommunications.

☐ Faire publier les statuts.

☐ Se faire ouvrir un compte en banque.

☐ Rédiger les statuts.

2. CONNAITRE LE CHEMIN DE LA CRÉATION

**Pour créer une entreprise, il faut franchir un certain nombre d'étapes.
Classez par ordre chronologique les étapes à franchir en notant le numéro correspondant dans l'organigramme ci-dessous :**

Pour créer une entreprise, il faut :

1 - Accomplir des formalités.
2 - Définir un projet.
3 - Effectuer des choix concernant la forme juridique de l'entreprise.
4 - Évaluer les coûts.
5 - Élaborer une politique commerciale.
6 - Vérifier les chances de réussite en analysant le marché.
7 - Démarrer l'activité.
8 - Connaître un métier.

3. INDIQUER LE CHEMIN DE LA CRÉATION

a - Indiquez à ce créateur d'entreprise le chemin à suivre pour monter sa propre entreprise.
b - Ce dessin a une suite; pouvez-vous l'imaginer ?

Dessin de PLANTU, paru dans *Le Monde.*

4. LES ÉTAPES DE LA CRÉATION

1	2	3	4	5	6	7	8
une IDÉE	une ENVIE	un PROJET	des ÉTUDES	des PLANS	la DÉCISION	le DÉMARRAGE	l' ANNIVERSAIRE un an après

1 - Voici quelques-unes des réflexions et préoccupations du créateur d'entreprise. Dites à quelle étape chacune d'elles se rapporte.

a - Qui seront mes concurrents ? Quels seront leur nombre, leur puissance ?
b - Quel chiffre d'affaires minimum devrais-je réaliser pour dégager un bénéfice ?
c - Tiens, si je lançais une nouvelle collection de vêtements !
d - Finalement, je suis plutôt indépendant, je devrais me mettre à mon compte.

e - Cette fois, c'est sûr, j'ouvre mon magasin dans 3 mois.
f - Finalement, je ne regrette rien. Ça a été dur, mais si j'avais à recommencer, je recommencerais.
g - Bon, je dois mettre noir sur blanc tout cela de façon à voir plus clair.
h - Est-ce que tout est bien prêt pour ce grand jour ?

2 - Quelles opérations doivent être accomplies par le créateur à chacune de ces étapes ?

5. PUBLIER LES STATUTS

L'entreprise Virginia a fait publier ses statuts dans un journal d'annonces légales. Retrouvez dans le texte les informations suivantes :

a - Où se trouve la direction de l'entreprise ?
b - Quand les statuts ont-ils été rédigés ?
c - Comment les statuts ont-ils été rédigés ?
d - Quelle est la forme juridique de l'entreprise ?
e - Quel est son objet ?
f - Quelle est sa raison sociale ?
g - Pour combien de temps la société a-t-elle été créée ?
h - Quel est le montant du capital social ?
i - Qui va diriger la société ?
j - Où la société sera-t-elle immatriculée ?

SOCIÉTÉ VIRGINIA
Société à responsabilité limitée au capital de 50 000 F
Siège social : 30 avenue du Parc - 74000 ANNECY
Il a été constitué sous la dénomination sociale : VIRGINIA, en vertu d'un acte sous seing privé en date du 5 avril 1988, enregistré à ANNECY le 6/4/88 sous le N° 166/18, folio 23, une société à responsabilité limitée ayant pour objet :
— l'exploitation d'un bar, brasserie, discothèque.
Le siège social a été fixé à ANNECY, 30 avenue du Parc.
La société est constituée pour une durée de 99 années commençant à courir dès son immatriculation au Registre du Commerce.
Les associés n'ont effectué que des apports en numéraire, dont le montant s'élève à la somme de 50 000 F.
Le capital social formé par les apports des associés s'élève à la somme de 50 000 F. Il est divisé en 500 parts sociales de 100 F chacune entièrement souscrites et intégralement libérées lesquelles ont été réparties entre les associés dans la proportion de leurs apports.
La Société est gérée et administrée par un gérant : M. PERNOUD Henri désigné en qualité de gérant associé lequel jouit, vis-à-vis des tiers, des pouvoirs les plus étendus pour contacter au nom de la Société et l'engager pour tous les actes et opérations entrant dans l'objet social sans limitation.
La Société sera immatriculée au Registre du Commerce tenu au Greffe du Tribunal de Commerce d'ANNECY.

Pour avis et mention
Le Gérant

SECTION 5 : IMPLANTER UNE ENTREPRISE

1. TROUVER UN LIEU D'IMPLANTATION

1. ORDONNER.

Voici, présentés dans le tableau suivant, plusieurs critères qui peuvent être retenus pour implanter une entreprise : Cochez d'une croix ceux qui concernent l'environnement économique, ceux qui concernent l'environnement socio-culturel et enfin ceux qui concernent l'infrastructure.

Critères	Environnement économique	Environnement socio-culturel	Infrastructure
1 - Une opportunité foncière.			
2 - L'existence d'une main-d'œuvre qualifiée.			
3 - L'existence d'activités complémentaires.			
4 - La possibilité d'obtenir des subventions.			
5 - La présence d'établissements scolaires et universitaires de bon niveau.			
6 - Les équipements industriels (zone industrielle, parc d'activités).			
7 - Un cadre de vie attractif pour le personnel.			
8 - Les possibilités de logement.			
9 - La densité des liaisons routières et ferrées.			
10 - L'animation de la ville (horaires d'ouverture des magasins, vie nocturne).			
11 - La proximité d'un aéroport.			
12 - L'existence de sociétés de services.			
13 - La présence de banques et de sociétés financières.			
14 - L'existence d'équipements collectifs (hôpitaux, stades, piscines...).			
15 - La collaboration avec les universités et les laboratoires de recherche.			

2. CLASSER

Si vous deviez créer une entreprise, quels critères prendriez-vous en considération pour choisir le lieu d'implantation ? Classez ces critères de 1 à 15 en commençant par celui qui vous paraît être le plus important.

3. COMPLÉTER.

Pour trouver un lieu d'implantation, il est possible de faire appel à une entreprise spécialisée. Sari Conseil est de celles-ci.

Complétez le texte ci-contre à l'aide des mots suivants :
adaptée – apporte – approfondie – assiste – conseille – coûteuses – dynamique – entreprend – évite – immobiliers – inutiles – location – présente – procède – sélectionne.

4. RÉDIGER.

Des élus locaux souhaitent attirer des entreprises dans leur région. Ils vous demandent de rédiger un texte publicitaire destiné à la presse spécialisée.

**SARI CONSEIL . . . . AVEC VOUS
LA MEILLEURE IMPLANTATION**

Sari Conseil . . . . aux chefs d'entreprise une réponse . . . . et précise aux besoins exprimés dès qu'il s'agit d'acquisition ou de . . . . de bureaux et ceci sur l'ensemble du territoire.
Sari Conseil . . . . aux analyses nécessaires, ... les études, ... la faisabilité des opérations, ... ses clients jusqu'à l'aboutissement des négociations.
Une équipe commerciale, ... et compétente, ... et oriente les dirigeants d'entreprises selon la nature des demandes.
Par sa connaissance . . . . et permanente du marché, Sari Conseil . . . . aux entreprises les démarches . . . . et les prospections . . . .
Sari Conseil est au service des entreprises en quête d'implantation et des propriétaires soucieux de la mise en valeur de leurs biens . . . . et fonciers

D.R.

2. UN PROJET CONTESTÉ

La société SADEX cherche un lieu pour implanter une nouvelle usine. L'activité de l'entreprise consiste dans la fabrication de détecteurs de radiations. Cette activité suppose l'utilisation de sources radioactives dangereuses et polluantes.

Crémy-en-Bière est une petite localité éloignée des grands centres urbains mais bien desservie grâce à la proximité d'une autoroute et d'une ligne de chemin de fer. Pour stopper l'exode rural, les élus locaux cherchent à favoriser l'implantation d'une entreprise qui pourrait ainsi créer des emplois. Cette commune offre le terrain et des avantages fiscaux à toute entreprise qui s'implanterait et qui embaucherait de la main-d'œuvre locale.
Mais les habitants de la région qui ont appris les intentions d'implantation de la société SADEX sont, pour leur grande majorité, loin d'approuver un tel projet et se sont réunis en association de défense pour la protection de l'environnement.

Une réunion est organisée à laquelle participent :
– le président de l'association de défense très opposé au projet ;
– un représentant du Centre des jeunes agriculteurs opposé au projet ;
– un représentant du ministère de l'Industrie favorable au projet ;
– M. PARISOT, Directeur Général de la société SADEX qui souhaite bénéficier des avantages fonciers et fiscaux donnés aux entreprises s'implantant dans la région ;
– un élu local très favorable au projet.

JEU DE RÔLES

Chacun des participants, suivant son opinion, devra énumérer les avantages ou les inconvénients d'un tel projet, défendre son point de vue et chercher à persuader ou dissuader son partenaire.

Pour
• La société Sadex créera des emplois.
• L'implantation de Sadex donnera un dynamisme à la région.
• L'implantation de Sadex stoppera l'exode rural.
• Le commerce se développera grâce à l'implantation de Sadex.
• L'implantation de Sadex attirera d'autres entreprises.
• Les taxes versées par Sadex aideront la commune.

Contre
• L'activité de Sadex est dangereuse et polluante.
• L'implantation de Sadex freinera le développement d'autres activités.
• L'implantation de Sadex ralentira l'activité touristique.
• La commune ne touchera aucune taxe pendant les 2 premières années.
• La commune offre un terrain qui pourrait être utilisé à d'autres fins.

POUR PERSUADER
• Vous croyez vraiment que...
• Vous pensez réellement que...
• Vous savez bien que..
• Sachez bien que...
• Vous n'ignorez pas que...
• Je peux vous dire que...
• Je peux vous assurer que..
• Soyez sûr(e) que...
• Soyez assuré(e) que...
• Soyez persuadé(e) que...

POUR DISSUADER

- Il est faux { de croire que... / de s'imaginer que..
- Ne croyez pas que...
- Il n'est pas sérieux { de croire que... / d'affirmer que.. / de prétendre que...
- C'est une erreur { de croire que... / de s'imaginer que...
- Reconnaissez } avec moi que...
- Admettez }

DIRIGER

SECTION 1 : ETRE PATRON

1. AURIEZ-VOUS AIMÉ ÊTRE PATRON?

1

« Si j'étais plus jeune, cela me tenterait. Les patrons sont les parachutistes des temps de paix. J'ai un ami patron qui a habillé tous ses salariés de la même façon, avec la même blouse. Ils sont tous dans le même bain. C'est extraordinaire. C'est comme cela que je vois le patron. »

2

« J'ai été patron dans l'édition. Ce que j'aime, c'est faire les choses moi-même, créer pour moi. Je l'avoue, le pouvoir, ça me plaisait bien. Je me suis bien amusée. En revanche, j'ai horreur du mot patron. On en a plein la bouche, c'est un petit peu répugnant. »

3

« Je suis patron et ouvrier à la fois. Mais à chaque fois que je trouve du travail, c'est moi qui le fais. Plus j'ai du succès, plus j'ai du travail, cela n'en finit pas ! Je souhaite que tout le monde soit patron. Le problème est qu'il y a des ouvriers qui ne peuvent pas se passer de patrons ! »

4

« Ni pour ni contre. Si je le devenais — pourquoi pas ? —, on ne me verrait pas avec un cigare, mais plutôt avec des manches retroussées. »

5

« Jamais ! Je n'aime pas commander. J'aime être mon propre patron. Mon métier, c'est l'écriture, ce n'est pas de faire écrire les autres !... »

6

« Patron, ah ! ça jamais ! J'ai tellement épousé les angoisses du mien que j'en suis écœurée. A tel point que je rêve surtout de redevenir une secrétaire ordinaire. »

Propos recueillis par Alain Chouffan,
Le Nouvel Observateur, 12 décembre 1981.

1. QUI DIT QUOI?

Six personnes ont répondu à la question posée par le journaliste Alain CHOUFFAN :
- Jean-Claude BOUTTIER, boxeur;
- le général BIGEARD;
- la secrétaire d'un grand patron;
- Lucien BODARD, écrivain;
- Régine DEFORGES, écrivain et éditrice;
- COLUCHE, humoriste célèbre.

A vous de retrouver la réponse de chacune de ces personnes citées dans le désordre.

2. QUI PENSE QUOI?

Lesquelles, parmi ces personnes,
- **sont favorables aux patrons?**
- **sont opposées aux patrons?**
- **sont indifférentes aux patrons?**
- **ont déjà été patrons?**
- **ont souhaité (ou souhaitent) devenir patron?**

2. PORTRAITS DE PATRONS

Des patrons ? Il en existe plusieurs types. En voici quatre surpris en plein travail.

1. *Le P.-D.G. autoritaire* C'est le chef, celui qui donne les ordres, qui interdit ou autorise.	**2.** *Le P.-D.G timide* Celui qui manque d'assurance, qui s'excuse en permanence, qui a toujours peur de déranger.	**3.** *Le P.-D.G. conseilleur* C'est l'ami, toujours prêt à conseiller, à suggérer, à proposer, à donner des avis.	**4.** *Le P.-D.G. râleur* C'est le rouspéteur permanent, celui qui n'est jamais content, jamais d'accord, qui n'arrête pas de se plaindre, de désapprouver.

1. QU'EST-CE QU'ILS DISENT ?

Écoutez (ou lisez) les déclarations de ces quatre P.-D.G. citées dans le désordre.
A vous d'attribuer chacune d'elles à leur auteur (chacun fait cinq déclarations).

DÉCLARATIONS	P.-D.G. 1	P.-D.G. 2	P.-D.G. 3	P.-D.G. 4
1 - « A mon avis, vous devriez lui téléphoner, ça le calmerait. »				
2 - « Excusez-moi, Martine, mais j'aurais bien voulu savoir si les convocations ont été envoyées aux administrateurs. »				
3 - « Mireille, tapez cette lettre et apportez-moi le dossier Portal. »				
4 - « Il vaudrait mieux que vous fassiez d'abord un petit sondage auprès du personnel. »				
5 - « N'oubliez pas de confirmer le billet d'avion. »				
6 - « Verriez-vous un inconvénient si j'empruntais votre stylo pour quelques instants ? »				
7 - « Et alors ! Ça fait une demi-heure que j'attends cette lettre. »				
8 - « Établir le planning de fabrication maintenant ? Mais enfin, vous voyez bien que je travaille. »				
9 - « Vous allez me calculer l'évolution du chiffre d'affaires des dix derniers mois. »				
10 - « Écoutez, si j'étais vous, j'établirais un plan d'aménagement. »				
11 - « Vous ne pouvez pas faire attention, c'est la troisième faute dans cette page. »				
12 - « Oh pardon ! Je vous dérange, je voulais seulement prendre connaissance de l'ordre du jour de la réunion. »				
13 - « Vous vous rendez compte ! Vous, le responsable, vous ne connaissez même pas le prix de revient de vos produits. »				
14 - « Ça m'ennuie de vous demander ça, mais j'aimerais que vous réorganisiez l'accueil dans notre société. »				
15 - « Il me semble que vous n'avez pas intérêt à lui parler de cette affaire. »				
16 - « Je suis d'accord pour que vous partiez 3 jours, mais 3 jours seulement. »				
17 - « Je suis désolée, mais je dois vous demander de m'indiquer la date du dernier conseil d'administration. »				
18 - « On ne vous a jamais appris à fermer les portes ! »				
19 - « Je vous interdis de signer le courrier à ma place. »				
20 - « Pourquoi n'organisez-vous pas une journée "portes ouvertes" ? »				

2. DANS QUELLE SITUATION ?

Pouvez-vous imaginer dans quelles situations ont été faites ces déclarations ?

Qui ?	A qui ?	Dans quelles circonstances ?		
		Où ?	Quand ?	Pourquoi ?

SECTION 2 : SE COMPORTER EN CHEF

1. ENTREPRENEUR, MANAGEUR, CHEF D'ENTREPRISE...

Jean Boissonnat, journaliste, interviewe Françoise Giroud alors Secrétaire d'État à la condition féminine.

Jean Boissonnat : Comment situez-vous les entrepreneurs d'aujourd'hui par rapport à ceux de cette époque ?

Françoise Giroud : Ce sont des gens qui ont toujours du punch, de l'imagination, du courage, et qui prennent des risques. Du reste, ils seraient probablement entrepreneurs dans n'importe quel type de société. Chez nous, c'est l'argent qui sanctionne la réussite. Mais cela pourrait être autre chose. Ils ont, avant tout, un besoin d'affirmation d'eux-mêmes et un besoin de conquête. Aujourd'hui encore, dans le monde des affaires, un jeune homme astucieux, avec un peu d'argent, est capable de faire quelque chose.

Jean Boissonnat : Et les manageurs ?

Françoise Giroud : C'est autre chose. Ce ne sont pas des entrepreneurs. Ils ont été dans des écoles où l'on apprend la musique. Mais je les trouve moins heureux dans leur peau que les véri-tables entrepreneurs. Et s'il faut savoir gérer pour entreprendre, cela ne suffit pas. C'est très bien d'apprendre le piano, mais si vous n'êtes pas doué, vous ne serez jamais un bon pianiste, vous saurez simplement jouer de cet instrument.

Jean Boissonnat : Outre le goût du risque, qu'est-ce qui vous paraît caractériser un tempérament de chef d'entreprise ?

Françoise Giroud : Un chef d'entreprise, c'est d'abord quelqu'un qui sait donner aux autres l'envie de travailler avec lui. Et cela, c'est capital. Si l'on ne possède pas la capacité d'attirer à soi des gens de valeur, on ne va pas très loin.

Jean Boissonnat : Avez-vous, dans l'esprit, des dirigeants d'entreprise qui vous ont particulièrement impressionnée ?

Françoise Giroud : Jean Reyre, l'ancien président de Paribas. C'est un personnage très curieux. Il se levait tard. Il arrivait tard à son bureau et ne prenait jamais rien en note. Pas même un rendez-vous. Tout était dans sa tête. Et il rêvait. Sans doute parce qu'il y a une part de rêve dans l'activité bancaire.

L'Expansion, mars 1976.

1. AVEZ-VOUS BIEN COMPRIS ?

	VRAI	FAUX
1 - Françoise Giroud admire davantage les manageurs que les entrepreneurs.		
2 - D'après Françoise Giroud, les entrepreneurs... a - ne recherchent qu'une chose : l'argent. b - cherchent avant tout à gagner et à se réaliser professionnellement. c - veulent surtout dominer les autres. d - prennent des risques. e - se préoccupent avant tout de leur entreprise. f - peuvent compter sur les autres en cas de difficultés.		
3 - D'après Françoise Giroud, les manageurs... a - ont le même tempérament que les entrepreneurs. b - connaissent très bien la gestion. c - sont de véritables créateurs.		

2. QUEL EST L'INTRUS ?

« S'il faut savoir gérer pour entreprendre, cela ne suffit pas. »

Quelle est, parmi les phrases ci-contre, celle qui a un sens différent ?

1. Il faut savoir gérer pour entreprendre, mais cela ne suffit pas.
2. Il ne suffit pas de savoir gérer pour entreprendre, même si cela est indispensable.
3. Savoir gérer, c'est nécessaire pour entreprendre, mais cela ne suffit pas.
4. Savoir gérer, c'est bien, mais entreprendre c'est mieux.
5. Savoir gérer est une condition nécessaire mais non suffisante pour entreprendre.
6. Il est nécessaire de savoir gérer pour entreprendre, mais cela n'est pas suffisant.

Un interlocuteur vous fait les déclarations ci-contre.
Vous lui répondez, en utilisant l'un des modèles précédents (n° 2).

Déclarations de votre interlocuteur
1 - Je vais jouer et ainsi je gagnerai.
2 - En vendant, je ferai des bénéfices.
3 - Je vais investir pour créer des emplois.
4 - Je vais bloquer les salaires et ainsi je stopperai l'inflation.
5 - Je vais baisser mes prix pour gagner de nouveaux marchés.
6 - Je vais me former et je réussirai.
7 - Je vais relancer la consommation pour réduire le chômage.

2. DONNER DES ORDRES

En simplifiant beaucoup, il est possible de distinguer trois grands types de comportement du chef.
- **Autoritaire :** le responsable prend seul les décisions, transmet les ordres et contrôle. Il ne laisse aucune autonomie au groupe ou à l'individu.
- **Démocratique :** le responsable associe ses subordonnés à ses décisions.
- **Laxiste :** le responsable ne donne pas ses directives et laisse le groupe et l'individu agir à leur guise.

1. INFLUENCER LE GROUPE.

D'après vous, quelle est l'influence de ces trois types de commandement sur le groupe des subordonnés ?
Vous pouvez répondre en complétant ce tableau :

	Commandement autoritaire	Commandement démocratique	Commandement laisser-faire
Motivations des subordonnés			
Initiatives			
Degré de satisfaction des subordonnés			
Comportements des subordonnés			

2. RÉAGIR.

Quelles seraient, face aux situations décrites ci-dessous, les réactions possibles du responsable d'un département selon qu'il adopte un comportement : • autoritaire • démocratique • laisser-faire (laxiste) ?

SITUATIONS
1 - Depuis deux mois, M. Jacques Duvivier arrive assez régulièrement en retard au bureau.
2 - Mme Marie-Hélène Maire, chef du secrétariat de cinq personnes, refuse d'assister aux réunions mensuelles de coordination.
3 - Le directeur commercial, M. Benoît Courcier, qui reçoit un important client, demande à Christine Massarotti de lui apporter un dossier. Celle-ci en apporte un qui ne convient pas.
4 - L'équipe « peinture » n'atteint pas les performances attendues, ce qui freine toute la production.
5 - L'entreprise connaît actuellement une augmentation de ses activités et il est nécessaire d'avoir recours à des heures supplémentaires. M. Patrice Saloux, directeur technique, organise une réunion pour en informer les salariés.

3. CHOISIR SON CHEF.

Avec quel type de chef aimeriez-vous travailler ?

4. S'ADAPTER.

D'après vous, quel comportement doivent adopter les collaborateurs de ces trois types de chefs ?

SECTION 3 : PRENDRE DES DECISIONS

1. QUELLE DÉCISION PRENDRE?

Madame X, responsable du secrétariat, vient voir Monsieur Y, directeur administratif.
« Monsieur Berthet arrive régulièrement en retard au bureau. Je n'arrive pas à le convaincre d'arriver à l'heure. »
Le directeur administratif, face à cette situation, peut avoir plusieurs attitudes et donner des réponses variées.

1. LES DIFFÉRENTES ATTITUDES DANS LA DISCUSSION.

Faites correspondre chacune des réponses données ici en désordre à l'attitude qui convient.

FORMULATIONS DES RÉPONSES	ATTITUDES
a - « Je vous comprends, moi aussi je rencontre les mêmes problèmes dans mon service. »	1 - Ordre
b - « La direction vient de décider d'installer une horloge pointeuse. Le contrôle sera ainsi renforcé. »	2 - Conseil
c - « Alors, si j'ai bien compris, vous n'arrivez pas à convaincre M. Berthet d'arriver à l'heure. »	3 - Information objective donnée
d - « Vous le prierez, de ma part, de respecter le règlement de la société. »	4 - Refus de prendre parti
e - « Est-ce que d'autres personnes arrivent en retard ? »	5 - Proposition pour une aide
f - « J'ai l'impression que vous avez du mal à obtenir l'exactitude de vos employés. »	6 - Compréhension, soutien
g - « Si j'étais à votre place, j'essaierais de lui parler pour le convaincre d'être ponctuel. »	7 - Évaluation positive
h - « Si cela peut vous arranger, je suis prêt à recevoir avec vous M. Berthet pour examiner ce problème. »	8 - Évaluation négative
i - « Écoutez-moi, ces histoires-là ne m'intéressent absolument pas. »	9 - Enquête sur la personne concernée
j - « Savez-vous si M. Berthet a des obligations particulières qui l'empêchent d'arriver à l'heure ? »	10 - Enquête sur le service du secrétariat
k - « J'apprécie que vous vous préoccupiez de la ponctualité de vos employés. »	11 - Reformulation

2. QUELLE RÉPONSE ?

Si votre interlocuteur vous faisait les déclarations suivantes, que lui répondriez-vous ? Inspirez-vous des attitudes possibles citées dans l'activité précédente.

1 - Mon chef de service me demande toujours de rester au bureau après l'heure.

2 - Moi, quand je travaillerai, je m'arrangerai pour me faire remarquer, je veux réussir par tous les moyens.

3 - L'ambiance du bureau n'est pas très agréable ; c'est chacun pour soi. Alors, je fais comme les autres, je ne m'occupe de personne.

4 - Mon collègue n'arrête pas de me donner des ordres, de m'envoyer faire des photocopies, par exemple.

2. COMMENT ÉVITER DE PRENDRE DES DÉCISIONS

1. IMAGINER LA SITUATION.

Pouvez-vous trouver la (ou les) situation(s) qui a (ont) donné lieu à ces réponses prétextes?

2. APPRÉCIER.

Parmi ces réponses, lesquelles sont parfois justifiées, parfois inacceptables?

3. CLASSER.

Parmi ces quinze réponses prétextes, lesquelles permettent à ce responsable :

	VOTRE CHOIX
– d'éviter le problème (en s'absentant, en changeant de conversation, en disant son incompétence...)?	
– de reporter le problème à plus tard?	
– de faire prendre la décision par d'autres (supérieurs, experts, autres membres de l'entreprise...)?	

4. TROUVER UNE EXCUSE.

Vous arrivez en retard au travail. Quelle excuse allez-vous donner
– à votre chef de service ⎫
– à vos collègues ⎭ **pour expliquer votre retard?**

Exemples :
- Il y a eu une grève surprise de trente minutes dans le métro.
- J'ai reçu un coup de téléphone urgent au moment où je partais.

SECTION 4 : DIRIGER AU FEMININ

1. LES FEMMES AU COMMANDEMENT

Écoutez (ou lisez) ces extraits d'interviews de femmes cadres.

Interview 1

« Les femmes font des enfants, les femmes cadres comme les autres. A ceci près, qu'elles planifient souvent leurs grossesses en fonction des impératifs professionnels... Je savais que cela pouvait conditionner le reste de ma carrière. Je me souviens avoir décidé du moment de mes deux grossesses de telle sorte que mes congés de maternité se sont situés en fin de programme de prototype et juste avant une mutation dans une autre unité. Cela n'a rien gêné, ni personne. De même, j'ai repris mon travail dès mon congé de maternité achevé. C'est une période très difficile à vivre, où la femme se culpabilisait souvent à mon époque – moins aujourd'hui sans doute –, où il faut faire en sorte de ne pas détruire une vie au profit de l'autre, où il faut s'organiser pour garder une grande disponibilité professionnelle. Confrontée à cette situation, la femme consacre beaucoup d'énergie à réaliser un équilibre, une harmonie, là où la nature et la société la chargent d'un fardeau que ne connaît pas l'homme. »

Interview 2

« Lorsque je suis arrivée dans ce service il y a quelques années il a fallu que je me batte, à la fois sur le terrain du travail pur, et sur celui des relations avec mes collègues hommes. Un exemple – qui semble anodin mais ne l'est pas lorsqu'il est vécu quotidiennement : ils ne venaient jamais dans mon bureau, il fallait que ce soit moi qui me déplace dans le leur, comme l'avait toujours fait leur secrétaire... J'ai été patiente, j'ai attendu d'avoir la même compétence que la leur en tous points... et là, j'ai mis les choses au clair. Aujourd'hui ces problèmes relationnels se sont nettement améliorés. Mais je sais que peu d'hommes ici accepteraient d'être dirigés par une femme... à moins qu'elle ne se montre deux fois plus compétente, deux fois plus stable d'humeur, deux fois plus tout... en fait. »

Interview 3

« Je crois que les incompatibilités réelles entre le fait d'être une femme et le fait d'exercer certaines fonctions sont très peu nombreuses. Bien souvent, tout se réduit à un problème de disponibilité. La fonction de commerçante en est un exemple. Les femmes commerçantes dans le Groupe se comptent sur les doigts de la main. On hésite à les recruter pour cette fonction qui implique un « mode de vie » estimé incompatible avec le fait d'être une femme : déjeuners, dîners, déplacements... Mais celles qui ont choisi ce métier se donnent les moyens de l'exercer, elles sont tout aussi disponibles qu'un homme. C'est un choix personnel et elles l'assument. »

Interview 4

« On invoque souvent l'absentéisme féminin, dont le taux, toutes catégories confondues, est souvent supérieur à celui constaté chez les hommes. Mais il faut faire une distinction entre les différentes catégories. Les femmes cadres ne peuvent pas se permettre de s'absenter, elles le savent... elles risquent de voir leur crédibilité, la confiance dont on les honore, s'effriter progressivement si elles s'absentent comme peuvent le faire les secrétaires et les employées... Dans toute ma carrière je crois n'avoir eu qu'un arrêt de maladie. »

Interview 5

« Il ne faut pas louper son « entrée ». Les règles du jeu du commandement sont les mêmes pour un homme ou pour une femme, car elles reposent en grande partie sur la reconnaissance de la compétence par ceux que l'on dirige. L'atelier est sans doute le lieu où il faut réussir à s'imposer d'emblée et où cela est le plus difficile pour une femme. Il faut en faire deux fois plus qu'un homme au début. »

1. CLASSER.

Classez chaque interview dans la rubrique qui convient en notant son numéro.

Rubriques	Interviews
1 - Relations hommes-femmes	
2 - Maternité, absentéisme et carrière	
3 - Métiers d'hommes/métiers de femmes	
4 - Les femmes et le commandement	

2. RÉSUMER.

Résumez chaque interview en une phrase.

Exemple interview 1 :
Les femmes prévoient leur(s) maternité(s) en fonction des exigences professionnelles...
A vous!...

2. LES FEMMES DANS L'ENTREPRISE

1. QU'EN PENSEZ-VOUS?

3. DÉCOUVRIR LES QUALITÉS.

Relevez dans les différentes interviews les qualités qui sont demandées aux femmes cadres pour accéder aux postes de commandement.

Interviews	Qualités demandées
1	
2	
3	
4	
5	

	D'accord	Pas d'accord
1 - Pour une femme cadre, porter un pantalon au travail ne fait pas sérieux.		
2 - Pour s'imposer dans sa profession, une femme doit essayer de ressembler aux hommes.		
3 - Les femmes manquent d'ambition.		
4 - Les relations du travail sont plus faciles avec les hommes.		
5 - Un homme pense d'abord à sa carrière, une femme à sa famille.		
6 - Une femme cadre est une femme avant d'être un cadre.		
7 - Les femmes sont souvent absentes.		
8 - Il est normal qu'à qualification égale, une femme soit moins bien payée qu'un homme.		
9 - Chaque entreprise devrait être obligée d'employer au moins 40 % de femmes.		
10 - Pour réussir, une femme doit être 3 fois meilleure qu'un homme.		
11 - Les femmes sont plus motivées, imaginatives et consciencieuses que leurs collègues hommes.		
12 - Il est plus facile de travailler sous les ordres d'un homme que d'une femme.		
13 - Si une femme réussit dans sa profession, c'est grâce à son pouvoir de séduction.		
14 - La clé du succès pour une femme : faire oublier qu'elle est une femme.		
15 - Une femme doit sa promotion à ses relations.		
16 - On ne peut pas obliger des hommes à travailler sous les ordres d'une femme.		
17 - A qualification égale, un employeur préférera toujours un homme à une femme.		

2. DÉBAT.

Si les femmes n'ont pas l'égalité dans le travail, elles ont le droit – et les hommes aussi – de s'indigner. Ne vous en privez pas! Faites-le, en vous aidant des expressions suivantes :

POUR EXPRIMER SON INDIGNATION

- Il est ⎰ inadmissible/inacceptable/honteux/révoltant/
  Je trouve ⎱ scandaleux de...

- Je trouve ces déclarations révoltantes/inacceptables.

- Je suis indigné(e)/exaspéré(e)/révolté(e) par ...

- Comment ose-t-on/peut-on...?

SECTION 5 : TROUVER LA BONNE SOLUTION

LE CAS DU PARKING

Les Établissements VIROX, entreprise spécialisée dans la fabrication des jouets d'enfants, a quitté, il y a 2 mois, la proche banlieue parisienne pour s'installer dans des locaux neufs et plus fonctionnels à MANTES, distante de 60 km de Paris.

Ce transfert a posé et pose encore des problèmes de transport à beaucoup de membres du personnel qui continuent à habiter Paris ou la banlieue parisienne. Les transports en commun Paris-Mantes sont nombreux et bien organisés. En revanche, les transports en commun de certains points de la banlieue parisienne vers Mantes sont peu pratiques ou même parfois inexistants. La plupart des personnes concernées ont résolu ce problème de transport en utilisant leur propre voiture pour venir au travail.

Malheureusement, dans les nouvelles installations de la société, il n'a été prévu qu'un parking de soixante-dix places, alors qu'environ cent trente personnes viennent chaque jour au travail en voiture.

Après quelques semaines de liberté totale, la situation est devenue difficile et même critique : retards au travail, accidents sur le parking, conflits de plus en plus nombreux, détérioration du climat social...

Le Directeur Général décide donc de réglementer l'utilisation du parking. Mais selon quel critère répartir les places de parking ? Une secrétaire qui habite dans une banlieue parisienne, mal desservie par les transports, doit-elle ou non avoir priorité sur un cadre habitant Mantes ou ses environs ?

Le Directeur Général décide alors de réunir les salariés en assemblée générale
1 - pour faire le point sur la « crise du parking » ;
2 - pour organiser un débat au cours duquel les salariés pourront faire connaître leurs points de vue et leurs souhaits ;
3 - et pour organiser, en fin de séance, un vote secret qui permettrait aux salariés de choisir la solution souhaitée.

Le Directeur Général s'engage à tenir compte des avis formulés par le personnel. Mais c'est à lui que reviendra la décision finale.

ATTENTION :

L'agrandissement du parking actuel est impossible en ce moment en raison du fort endettement de la société pour la construction des nouveaux locaux.

1. CONVOCATION

Rédigez la note de service envoyée à tout le personnel de VIROX pour le convoquer à l'assemblée générale et lui donner l'ordre du jour.

2. FAIRE LE POINT

Lors de l'assemblée générale, quelle a été la présentation faite par le Directeur Général sur l'affaire du parking ?

3. DÉBAT

Le jour de l'assemblée générale, on peut distinguer six groupes de salariés qui prétendent chacun que les places de parking doivent leur être attribuées en priorité.

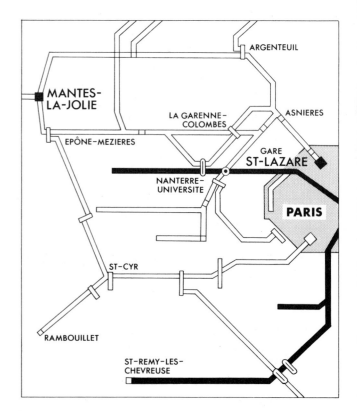

> – Critère :
> Sélection par le hasard.
>
> – Arguments :
> • Impossibilité de prendre une décision équitable.
> • Tout autre critère fera des mécontents et créera des conflits.
> • Le hasard fait bien les choses.

Divisez votre groupe en six sous-groupes qui participeront au débat. Chaque sous-groupe défendra les positions présentées ci-dessous :

Rôles.

Le groupe des « ANCIENS »

> – Critère :
> L'âge et l'ancienneté des salariés.
>
> – Arguments :
> • Fatigue des transports en commun longs et peu confortables.
> • Reconnaissance de l'entreprise envers ses salariés les plus fidèles.

Le groupe des « PREMIERS ARRIVÉS »

> – Critère :
> Les 70 premiers arrivés occupent les places disponibles.
>
> – Arguments :
> • Normal que les premiers arrivés soient récompensés.
> • Moyen de réduire les retards au travail.

Le groupe des « CADRES »

> – Critère :
> Le niveau hiérarchique des salariés.
>
> – Arguments :
> • Reconnaissance de leurs mérites et de leur responsabilité.
> • Départ tardif le soir.
> • Critère appliqué partout ailleurs.

4. LE VOTE

Organisez un vote pour savoir quelle est la solution préférée.

5. LA DÉCISION

a - Si vous étiez le Directeur Général de VIROX, quelle décision prendriez-vous ?
b - Le Directeur Général a-t-il, à votre avis, raison de convoquer une assemblée générale et d'organiser un vote ?
c - Pouvez-vous imaginer d'autres solutions plus originales ?

Le groupe des « HABITE LOIN »

> – Critère :
> La distance du domicile.
>
> – Arguments :
> • La longueur du trajet.
> • La fatigue supplémentaire.
> • Pas de transport en commun pratique.

Le groupe des « PAS DE MOYENS DE TRANSPORT »

> – Critère :
> Impossibilité d'utiliser les moyens de transport en commun.
>
> – Arguments :
> • La voiture reste le seul moyen de continuer à travailler chez VIROX.
> • Inexistence des transports en commun.
> • Retards causés par la recherche d'une place de stationnement.

SECTION 6 : DECRIRE LA VIE DE PATRON

a

1. QUELLE VIE !

1. Les dessins ont été mis dans le désordre. Retrouvez l'ordre logique de l'histoire. (Le premier et le dernier dessin sont à la bonne place.)

2. Racontez l'histoire suggérée par les dessins.

3. L'un des personnages fait des recommandations. Que dit-il ?

4. De retour à la maison, cet homme d'affaires dit à sa femme qu'il est décidé à suivre les conseils de son psychanalyste et lui raconte ce qu'il va faire. Imaginez la scène.

b

c

d

e

f

g

h

i

j

k

SEMPÉ. © C. Charillon, Paris.

2. QUEL PATRON?

Les cadres aiment-ils leur patron ?

L e patron idéal, responsable et énergique, innovateur et visionnaire, existe-t-il ? Les cadres semblent en douter. Une enquête effectuée auprès de 1 000 d'entre eux, dans tous les pays d'Europe, par l'institut belge MCE (Management Centre Europe) met en relief les frustrations de « subordonnés » constatant que leur supérieur se livre surtout à une lutte sans merci pour le pouvoir.

Ingrate réalité ! Le portrait du « vrai » patron tracé par les cadres eux-mêmes fait surgir un « monstre d'ambition », bien loin du PDG convivial dont ils rêvent. Des êtres solitaires, puissants et ambitieux dirigeraient donc aujourd'hui nos entreprises ; c'est en tout cas ainsi qu'ils sont décrits par leur entourage professionnel. ●

LES QUALITES DU PATRON IDEAL...*

Il sait constituer des équipes performantes	**96**
Il a une capacité d'écoute	**92**
Il est capable de prendre des décisions seul	**88**
Il sait garder ses meilleurs collaborateurs	**88**
Il fait preuve d'énergie	**85**
Il s'entoure de collaborateurs les mieux qualifiés	**83**
Il est innovateur	**82**
Il est visionnaire	**79**

...ET CELLES DU PATRON AVEC LEQUEL ON TRAVAILLE*

Il est capable de prendre des décisions seul	**72**
Il fait preuve d'énergie	**70**
Il est ambitieux	**70**
Il fait preuve d'une forte volonté	**70**
Il est motivé par le pouvoir	**65**
Il a un point de vue international	**62**
Il fait preuve de maturité d'esprit	**60**
Il a des qualités morales irréprochables	**58**

* Nombre de citations pour 100 réponses.

L'Expansion, 4/17 mars 1988.

1. LES ATOUTS DU PATRON.

Le document « *Les cadres aiment-ils leur patron ?* » énumère un certain nombre de qualités que doit posséder un bon patron.
D'après vous, doit-il en avoir d'autres ? Si oui, lesquelles ?

3. LE PATRON IDÉAL.

En vous inspirant du document « *Le professeur idéal* » faites le portrait du patron idéal.

> « Avant, quand je rencontrais des grands patrons, je me demandais toujours quel était le secret de leur réussite. J'ai fini par me rendre compte qu'ils étaient tous très différents, mais qu'ils avaient un point commun : la santé, physique et psychique. »
>
> **Paul Schindler**
>
> **(Dynasteur)**
>
> *Le P.-D.G. d'ICI France s'est-il rendu compte qu'il est un grand patron ?*

Entreprendre, n° 24, septembre 1988.
Groupe Entreprendre 23, rue de Cléry 75002.

2. LE RÊVE ET LA RÉALITÉ.

Quelles sont les principales différences entre le patron idéal rêvé par les cadres et celui avec lequel ils travaillent ?

CAMPUS

Le professeur idéal

C 'EST un homme brun, plutôt mince, de taille moyenne. Il a moins de quarante ans, il est marié et il a des enfants. Il est vêtu sobrement d'une veste et d'un pantalon : ni en complet-veston (trop chic) ni en jean (trop relâché). Il ne fume pas (en tout cas pas le cigare, ni la pipe) et vient à la fac en auto ou en métro. Ses passe-temps favoris sont la lecture et le sport (de préférence un sport d'équipe ou le tennis). Pendant ses cours, il parle d'abondance, sans emphase, en jetant de temps en temps un coup d'œil sur ses notes et en ayant recours aux anecdotes et à l'humour. Il ne reste pas assis derrière son micro, mais se déplace souvent, en particulier pour écrire son plan au tableau. Il distribue des polycopiés et ne donne pas trop de devoirs. Il sait ne pas dépasser l'heure et, s'il lui arrive de manquer, il s'arrange pour rattraper. Il exerce de nombreuses responsabilités, à l'Université et en dehors, et on peut parler avec lui d'un peu tout.

Qui est-ce ? Tout simplement le professeur idéal, tel qu'il ressort d'une enquête dans trois universités parisiennes (Assas, Jussieu et Nanterre) réalisée pour une thèse en préparation.

Le Monde, 1/12/1987.

ORGANISER

SECTION 1 : ORGANISER UN VOYAGE D'AFFAIRES

VISITER LA CLIENTÈLE

M. GUÉRARD, directeur commercial de ACIOR, téléphone à sa secrétaire. **Écoutez (ou lisez) leur conversation.**

M. Guérard : Allô ! Marielle ? Ici M. Guérard. Je dois me rendre dans le midi de la France la semaine prochaine. Pourriez-vous organiser mon voyage ?

Marielle : Bien sûr, Monsieur. Vous partirez en voiture ?

M. Guérard : Non. Les routes sont trop glissantes en cette saison. J'irai en avion jusqu'à Marseille. A l'aéroport, je prendrai une voiture de location.

Marielle : Quel jour comptez-vous partir ?

M. Guérard : Faites une réservation sur le premier vol de lundi.

Marielle : Et pour la voiture, quel modèle voulez-vous ?

M. Guérard : Louez-moi une voiture confortable, mais pas trop grande. J'aurai beaucoup de kilomètres à parcourir.

Marielle : Ce sera fait, Monsieur... A propos, M. Domec de Nîmes vient de téléphoner. Il souhaite que vous passiez le voir dès que possible.

M. Guérard : D'accord, je passerai le voir. Il faudra que j'aille aussi à Avignon, Cannes, Manosque, Montélimar, Montpellier, Le Puy et Valence. Soyez gentille de m'établir mon itinéraire de voyage pour que je perde le moins de temps possible.

Marielle : Vous rendrez la voiture à Marseille ?

M. Guérard : Non. Je prendrai le T.G.V. à Grenoble. J'aurai encore un client à voir dans cette ville. Je vous fais une note avec mon programme de visite de la semaine.

Marielle : Très bien, Monsieur. Je vous prépare tout ça.

PROGRAMME DE VISITE
Semaine du 18 au 22 septembre

- Lundi 18 + nuit à Marseille.
- 1 journée à Montpellier.
- 1 journée pour Avignon, Nîmes, Montélimar, Valence.
  Si possible, une nuit à Avignon.
- 1/2 journée pour chacune des villes suivantes : Cannes, Grenoble, Manosque, Le Puy. Si possible, une nuit à Manosque.
- Faire le nécessaire pour les réservations.
- Avertir les clients du jour et de l'heure approximative de mon passage.

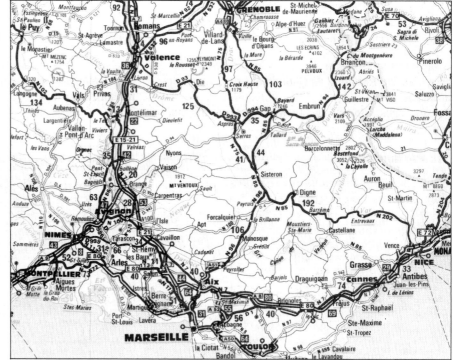

1. INDIQUER UN ITINÉRAIRE

D'après les indications fournies par les trois documents ci-dessus, vous indiquerez l'itinéraire à suivre de façon que M. GUÉRARD perde le moins de temps possible. Pour vous aider, remplissez le tableau ci-contre :

JOUR	ÉTAPES	ITINÉRAIRE A SUIVRE (Indiquez le n° des routes)	NOMBRE DE KILOMÈTRES PARCOURUS

2. RÉSERVER PAR TÉLÉPHONE

Marielle a passé deux coups de téléphone. Le premier pour réserver une chambre à l'hôtel Vonotel, le second pour connaître les horaires des trains Grenoble-Paris.
Mais les deux dialogues ont été mélangés.
A vous de les reconstituer.

– « Il me reste une chambre avec vue sur la mer. Cela vous convient-il ? »
– « Ne quittez pas. Je vous le passe. »
– « Au nom de M. Guérard. Il arrivera assez tard dans la soirée. »
– « Je préférerais un horaire du soir. »
– « Hôtel Vonotel. Bonjour. »
– « Vous avez un T.G.V. qui part de Grenoble à 10 h 46 et qui arrive à Paris, gare de Lyon à 14 h 04. »
– « A quel nom dois-je faire la réservation ? »
– « Allô, la S.N.C.F. Je voudrais le service des renseignements, s'il vous plaît. »
– « Comme l'hôtel est complet, pouvez-vous me confirmer cette réservation par lettre ou par télex ? »
– « Pourriez-vous m'indiquer les horaires des trains Grenoble-Paris ? »
– « C'est entendu. Au revoir, madame. »
– « Je note : départ 20 h 35, arrivée 23 h 59. Je vous remercie de ces renseignements. Au revoir, monsieur. »
– « Bonjour, madame. J'aimerais réserver une chambre pour une personne avec salle de bains pour la nuit du 18 septembre. »
– « Bien. Vous avez un train qui quitte Grenoble à 20 h 35 et qui est à Paris à 23 h 59. »
– « Oui, parfaitement. »
– « Allô, les renseignements. J'écoute. »

3. RÉSERVER PAR TÉLEX

Marielle a réservé par télex une chambre à l'Hôtel de France à Manosque.
Transformez ce télex en lettre.

BONJOUR. PRIÈRE RÉSERVER POUR M. GUÉRARD UNE CHAMBRE AVEC SALLE DE BAINS. NUIT DU 19 SEPTEMBRE. ADRESSER FACTURE SOCIÉTÉ ACIOR, 6, PLACE DE LA BOURSE, 75002 PARIS. SALUTATIONS.

4. CONFIRMER PAR TÉLEX

Rédigez le télex de confirmation de réservation envoyé par Marielle à l'hôtel Vonotel à Marseille.

5. CASSE-TETE : TROUVER SON CHEMIN

Marielle vous indique un itinéraire à suivre.
Suivez l'itinéraire indiqué sur la carte routière ci-contre.

« Au départ de Marseille, vous suivez la mer jusqu'à Toulon, puis vous prenez la route N. 97 jusqu'à l'embranchement de l'autoroute E. 80. Ensuite, vous suivez l'autoroute jusqu'à Cannes. Là, vous sortez et vous passez par la route N. 7. Vous continuez tout droit jusqu'à Nice. Après Nice, vous empruntez la N. 202 jusqu'à l'intersection avec la route N. 85. Vous passez par Sisteron, puis vous prenez la route D. 994 à la sortie de Gap. Vous traversez Aspres, ensuite vous prenez la D. 993 jusqu'à Valence, où vous prenez l'autoroute E 15-E 21 vers Nîmes. Vous retrouvez la route E. 80 que vous suivez jusqu'à Arles. Là, vous prenez la route N. 568 vers le sud jusqu'au premier grand port. »
Où êtes-vous maintenant ?

6. JEU DE RÔLES

Indiquez un itinéraire à suivre sur la carte à une personne de votre groupe.

7. PROBLÈME

Si je vais à la gare en marchant à 4 km/heure, j'arrive avec 5 minutes de retard. Si je vais à la gare en courant à 8 km/heure, j'arrive avec 10 minutes d'avance.
A quelle distance est la gare ?

POUR INDIQUER UN ITINÉRAIRE			
Au départ de A la sortie de En sortant de En quittant Après Après avoir traversé Pour se rendre à Pour retourner à Pour rejoindre	MARSEILLE,	prendre (prenez) suivre (suivez) emprunter (empruntez) continuer (continuez) reprendre (reprenez) passer par (passez par)	la route N...	en direction de... jusqu'à...
Pour aller de MARSEILLE à LYON			

SECTION 2 : AMELIORER SON ENVIRONNEMENT

LA **DÉTENTE** RÉCONFORTANTE DE VOTRE ENTREPRISE !

Une savoureuse boisson chaude est toujours la bienvenue... partout, à tout moment. Voilà pourquoi, dans plus de 50.000 firmes et entreprises de France, d'Allemagne et du Benelux Fountain est chaleureusement présent. Fountain, c'est la pause-café réconfortante. Vos clients sont sensibles à cette charmante attention. Savez-vous que même dans un entretien d'affaires, Fountain peut jouer un rôle favorable pendant les discussions ?

Charles CORDIER

Comme garagiste, j'ai la réputation dans ma commune d'être l'homme 'qui vous dépanne sur-le-champ' : vous savez, changer rapidement les pneus, remplacer l'échappement, faire la vidange d'huile... Mon seul problème était de faire patienter mes clients aussi agréablement que possible. C'est alors que j'ai découvert Fountain. Tout le monde est content et maintenant j'assure un service véritablement "complet". Et les affaires tournent !

Françoise ARNAUD

Avant, je passais des heures à faire du café et du thé pour mes collègues et les clients. Et mon travail s'en ressentait. C'est notre comptable qui a trouvé la solution : Fountain. Eh oui, maintenant chacun se sert soi-même... et mon travail n'en souffre plus : je ne suis plus jamais en retard.

Henri PREVOT

Chez nous à l'usine, je suis responsable de l'organisation interne. Ma première mission a été d'assurer un service de distribution de boissons chaudes variées, tout en éliminant les allées-venues du personnel et les temps morts. Avec le système Fountain, j'ai résolu ce problème en un tournemain. Nos trois ateliers ont, chacun, leur propre appareil Fountain... et chaque membre du personnel prend la boisson qui lui plait.

Pierre STAQUET

J'ai pu apprécier les avantages de Fountain chez nous au bureau. J'ai vite réalisé combien un entretien de vente pouvait être facilité simplement avec l'appoint d'une tasse de Fountain. En tant que représentant, je participe à bon nombre de foires et d'expositions. J'emporte alors mon distributeur Fountain avec moi. Il prend peu de place et une simple prise de courant suffit. Je suis persuadé que Fountain me fait vendre mieux.

D.R.

1. QU'EST-CE QUE C'EST?

Ce document est ...

a - une publicité pour distributeur automatique;

b - le mode d'emploi d'un appareil;

c - un article présentant le personnel d'une entreprise.

2. C'EST POUR QUI?

Ce document est destiné ...

a - aux consommateurs de boissons chaudes;

b - aux techniciens, spécialistes de distributeurs automatiques;

c - aux responsables d'entreprises ou d'autres établissements.

3. AVEZ-VOUS BIEN COMPRIS?

Quel est le sens des mots et expressions suivants?
Cochez la bonne réponse.

- La pause-café
  - a - meuble pour poser le café;
  - b - petit arrêt de travail pour prendre le café;
  - c - appareil pour préparer le café.

- Sur-le-champ
  - a - immédiatement;
  - b - au milieu de la campagne;
  - c - gentiment.

- Les temps morts
  - a - courte période d'inactivité;
  - b - moments de silence;
  - c - jours où les employés ne travaillent pas.

- Benelux
  - a - province suisse;
  - b - pays scandinave;
  - c - groupement économique formé de la Belgique, des Pays-Bas et du Luxembourg.

- En un tournemain
  - a - très vite;
  - b - en tournant la main;
  - c - en apportant une solution.

- Avec l'appoint
  - a - en vidant;
  - b - avec l'aide;
  - c - avec la vente.

4. QUEL EST VOTRE PROBLÈME?

Lisez bien le texte de la page ci-contre et complétez le tableau en bas de page.

5. Y A-T-IL DES AVANTAGES?

Charles CORDIER, Henri PREVOT, Françoise ARNAUD et Pierre STAQUET se retrouvent au stand de FOUNTAIN du salon de Bruxelles. Leurs entreprises sont équipées de distributeurs FOUNTAIN depuis quelques mois.
Enchantés de cette acquisition, tous les quatre discutent des avantages apportés par FOUNTAIN.

Complétez les phrases suivantes :

H. PREVOT : « Avec FOUNTAIN, nous .... enfin de boissons en permanence. »

P. STAQUET : « Oui, et grâce à FOUNTAIN, ... vraiment chaudes. »

F. ARNAUD : « Maintenant que nous avons FOUNTAIN, je .... beaucoup moins de temps dans mon travail. »

C. CORDIER : « Moi aussi, dans mon garage, l'installation de distributeurs m'a permis .... aussi agréablement que possible. »

P. STAQUET : « En tous cas, je suis convaincu que l'amélioration de .... est due à .... »

H. PREVOT : « Chez nous aussi, la mise en place de FOUNTAIN a eu pour effet .... des rendements. »

F. ARNAUD : « C'est vrai, si nous n'avions pas FOUNTAIN, je .... servir mes collègues. »

C. CORDIER : « Finalement, il suffisait d'installer FOUNTAIN, pour que .... content. »

P. STAQUET : « Et si aujourd'hui, on nous supprimait FOUNTAIN, on .... »

6. ... ET DES INCONVÉNIENTS?

Les employés sont aussi parfois mécontents de leurs distributeurs. Pouvez-vous citer quelques-uns de leurs inconvénients?

Noms	En quoi consiste son travail?	Quel était son problème?	Quelle solution lui apporte Fountain?
Charles CORDIER			
Henri PREVOT			
Françoise ARNAUD			
Pierre STAQUET			

SECTION 3 : ORGANISER LE LIEU DE TRAVAIL

1. VISITER LES LOCAUX DE L'ENTREPRISE

1. À QUOI ÇA SERT ?

Faites correspondre les deux membres des phrases du tableau ci-contre :

2. DÉCRIRE.

Décrivez, en une phrase, chacun de ces locaux.
Exemple : Le magasin est un lieu généralement situé au rez-de-chaussée où l'on vend les marchandises à la clientèle.

3. SITUER.

Écoutez (ou lisez) et indiquez sur le plan ci-contre l'emplacement de chacun de ces bâtiments.

« Après être passé devant la maison du gardien, tout de suite à l'entrée à votre droite, vous traversez la cour et vous vous trouvez devant le bâtiment administratif. A votre droite vous verrez le laboratoire de recherche. Le hall d'exposition donne sur la rue, à gauche de l'entrée principale, le magasin de vente lui est adjacent, ensuite vient l'entrepôt. L'atelier de réparation est situé au fond, à gauche. Pour la cantine, c'est facile, elle est juste à côté de la maison du gardien. Enfin, l'infirmerie se trouve au fond de la cour, à droite, juste après le parking réservé aux visiteurs. »

4. PRÉCISER.

Complétez les phrases suivantes :

Le directeur administratif recherche un bureau que...

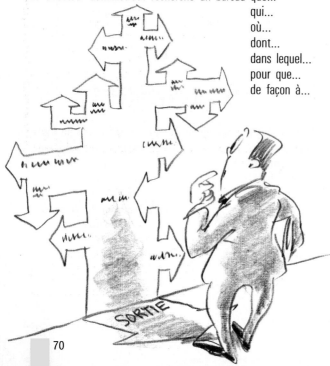

qui...
où...
dont...
dans lequel...
pour que...
de façon à...

L'entreprise dispose...

1 - d'ateliers	a - pour vendre des marchandises
2 - de magasins	b - pour faire des recherches
3 - d'entrepôts	c - pour fabriquer des produits
4 - de bureaux	d - pour faire manger les salariés
5 - de hangars	e - pour ranger les voitures
6 - de laboratoires	f - pour faire le travail administratif
7 - d'un siège social	g - pour présenter la marchandise aux visiteurs
8 - d'une cantine	h - pour stocker les matières premières
9 - d'un parking	i - pour entreposer le matériel
10 - d'un hall d'exposition	j - pour recevoir la direction de l'entreprise

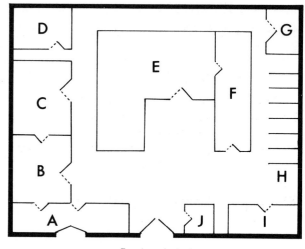

Entrée principale

5. CASSE-TÊTE : HISTOIRE DE VOISINS.

Messieurs DUBOIS, LEGRAND et DURAND travaillent tous les trois pour la COXEMA, une société commerciale. Ils occupent des bureaux voisins, au même niveau, dans le même couloir. Ils exercent les fonctions de chef de personnel, de directeur des ventes et de responsable des achats, mais non nécessairement dans cet ordre.
M. DUBOIS occupe le bureau du milieu. Le chef du personnel prend les appels téléphoniques de M. LEGRAND quand ce dernier n'est pas dans son bureau. Le responsable des achats et M. DURAND déjeunent habituellement ensemble. Quand c'est l'heure du déjeuner, le responsable des achats frappe au mur séparant leurs deux bureaux.

Quel est le poste occupé par chacune de ces trois personnes ?

2. SE SITUER DANS LES LOCAUX DE L'ENTREPRISE

1. S'ORIENTER.

a - Valérie vient de commencer son travail au service de la comptabilité de la société Blanchont. Vous travaillez à l'accueil et vous expliquez à votre nouvelle collègue comment se rendre à son bureau.
Elle emprunte l'ascenseur et se rend d'abord au vestiaire. Aidez-vous du plan des locaux suivant et du tableau ci-contre en choisissant les termes qui conviennent dans chaque colonne.

b - Si vous étiez employé(e) au service des ventes, quelles indications donneriez-vous à Valérie pour qu'elle se rende :
– au service du personnel;
– à la direction;
– aux archives;
– au standard.

POUR INDIQUER UNE DIRECTION	
• (vous) prenez	jusqu'à la 2e porte
• (vous) allez	le couloir
• (vous) continuez	l'ascenseur
• (vous) suivez	la première à droite
• (vous) sortez	à gauche
• (vous) traversez	tout droit
• (vous) longez	jusqu'au 1er étage
• (vous) débouchez	demi-tour
• (vous) faites	devant le service des ventes
• (vous vous) arrêtez (vous)	au 1er niveau
• (vous) montez	au rez-de-chaussée
• (vous) descendez	la 4e porte à droite

2. METTRE EN RELATION.

Quels sont, dans cette entreprise, les services qui sont souvent en relation?

3. DISPOSER LES BUREAUX.

La disposition actuelle des bureaux situés au 1er étage ne vous semble pas adaptée à de bonnes relations de travail. En effet, chaque fois qu'une personne a des recherches à faire dans les archives ou un travail de duplication à effectuer, elle dérange soit la secrétaire de direction, soit les dactylos.

Vous savez d'autre part que :
– le bureau 7 est la seule pièce insonorisée;
– le service de la comptabilité est à l'étroit dans le bureau 1;
– le contentieux a surtout des rapports avec la comptabilité;
– c'est la secrétaire de direction qui regroupe les travaux à transmettre aux dactylos.

Vous proposez, à partir du plan ci-dessous, une disposition plus rationnelle des différents services.

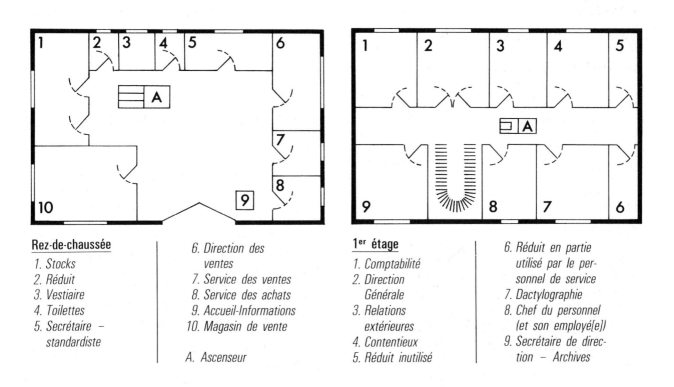

Rez-de-chaussée

1. Stocks
2. Réduit
3. Vestiaire
4. Toilettes
5. Secrétaire – standardiste

6. Direction des ventes
7. Service des ventes
8. Service des achats
9. Accueil-Informations
10. Magasin de vente

A. Ascenseur

1er étage

1. Comptabilité
2. Direction Générale
3. Relations extérieures
4. Contentieux
5. Réduit inutilisé

6. Réduit en partie utilisé par le personnel de service
7. Dactylographie
8. Chef du personnel (et son employé(e))
9. Secrétaire de direction – Archives

SECTION 4 : PRENDRE DES CONGES

LE DÉPART EN CONGÉS.

La société VEDAR est une petite entreprise parisienne de blanchisserie-teinturerie qui emploie, en plus du patron, 7 personnes :
- une employée de bureau : Mlle Annick PIERSON
- un contremaître : M. Franck RICAUD
- quatre ouvriers : MM. Raymond MAGUET, Jean BORNARD, André MOREAU, Maurice MOUREA
- un apprenti : M. Pascal CARPENTIER.

L'entreprise ne ferme pas pour la période des congés annuels qui se prennent essentiellement en juillet, août et septembre. Cette période de congés pose chaque année un problème difficile à résoudre, car le patron exige qu'il y ait, pendant ces trois mois, au moins trois personnes en permanence dans l'entreprise. Il souhaite également que l'employée de bureau et le contremaître ne soient pas absents en même temps.

Nous sommes maintenant en avril. Le patron demande à Franck RICAUD de réaliser un planning de départs en congés pour cette année. Le contremaître, ne désirant pas fixer de manière autoritaire les départs en congés, décide de faire une réunion au cours de laquelle chacun pourra être consulté et présenter ses souhaits. Il espère parvenir ainsi à un accord collectif.

ATTENTION.

• La durée des congés annuels est de 5 semaines pour tout salarié qui a travaillé pendant un an dans l'entreprise. (Mais dans la société VEDAR, tout le monde a déjà pris une semaine de vacances d'hiver; il en reste donc 4 à prendre).
• L'année scolaire pour l'enseignement primaire et secondaire (obligatoire jusqu'à l'âge de 16 ans) commence début septembre et se termine fin juin.

1. DÉBAT

Le jour de la réunion, chaque employé apporte des arguments pour défendre ses intérêts. Chacun espère obtenir un départ en congés aux dates souhaitées.

POUR EXPRIMER...	
la possibilité ou l'impossibilité	**le souhait**
• Je peux (pourrai, pourrais) } reporter d'une semaine • Il m'est possible de } mes congés • Je ne peux (pourrai) pas • Il n'est pas possible d' • Il m'est absolument impossible d' } avancer mes congés • Il me paraît impossible d' • Il me paraît difficile d' • Il est exclu que j'accepte de telles dates.	• Je veux (voudrais) • Je souhaite (souhaiterais) • Je désire (désirerais) • J'aimerais (bien) } partir au mois • J'espère (bien), je compte (bien) } de juillet • Je rêve de, j'ai envie de • Tout ce que je souhaite, c'est (de) • Ah ! si seulement je pouvais • Ce serait formidable de
l'accord	**le désaccord**
• (Je suis) d'accord • Avec plaisir • (C'est) entendu • (Bien) volontiers, bien sûr • Non, ça ne me dérange pas • Pas de problème • Je veux bien, à condition que l'an prochain je puisse choisir mes dates de congés • Tant pis, je partirai en septembre • S'il n'y a pas d'autres solutions, je partirai en juillet	• Non, je ne suis pas d'accord • Non, je ne veux pas • Ah ! non, sûrement pas • Ah non ! (Il n'en est) pas question • Vous croyez que je vais accepter ça • Vous n'y pensez pas • Non, ça ne me dit rien • Non, je n'ai pas envie • Je regrette, mais je ne peux pas • Je suis vraiment désolé, mais c'est impossible

LES RÔLES

André MOREAU

Vous avez été embauché il y a 11 ans. Vous êtes marié et père d'une fille de 8 ans.
Votre femme, qui travaille dans une autre société, ne pourra avoir ses congés que du 15 juillet au 15 août et vous espérez bien obtenir les vôtres aux mêmes dates. Vous voulez faire du camping avec votre famille et cette période vous paraît idéale pour ce type de vacances.

Raymond MAGUET

Agé de 26 ans et célibataire, vous êtes entré dans la société à l'âge de 21 ans comme ouvrier qualifié.
Vous souhaitez avoir vos vacances en juillet en même temps que votre fiancée qui travaille et habite à Bruxelles et que vous voyez rarement. Vous espérez obtenir satisfaction cette année, car l'an dernier vous n'aviez pas eu vos congés à la date souhaitée, à cause de votre faible ancienneté. Vous trouvez anormal que les jeunes soient toujours désavantagés.

Jean BORNARD

Vous êtes marié et père de deux enfants de 12 et 10 ans. Vous travaillez chez VEDAR depuis 14 ans.

L'an dernier, en raison d'une maladie de votre femme, vous n'avez pas pu partir en vacances à la montagne qui est votre véritable passion. Mais cette année, vous êtes bien décidé à partir avec votre famille dans les Pyrénées pendant tout le mois d'août. D'ailleurs c'est le seul mois de l'année où vous pouvez disposer du châlet de vos beaux-parents. Les trois années précédentes, vous aviez pris vos congés en juillet.

Maurice MOUREA

Arrivé ici il y a 30 ans, vous êtes le plus ancien de la maison. Comme d'habitude, vous désirez prendre vos congés en août avec votre femme qui se trouve en retraite depuis le mois de janvier.

Vous avez obtenu en mai un congé de formation syndicale d'un mois. Vous pensez que les dates de congés doivent être fixées en fonction de l'ancienneté. Le contraire serait inadmissible.

Franck RICAUD

Vous avez 26 ans d'ancienneté, mais vous avez été nommé à votre poste le 1er janvier de cette année. Vous avez eu un arrêt de travail d'un mois en mars à la suite d'une grande fatigue. Vous souhaitez prendre vos congés en trois fois : quinze jours la 1re quinzaine d'août, huit jours la 1re semaine de septembre pour l'ouverture de la chasse et enfin huit jours à Noël pour accueillir votre frère qui vient vous rendre visite de Rio de Janeiro (Brésil) où il travaille depuis 19 ans.

Pascal CARPENTIER

Agé de 19 ans, vous avez été embauché comme apprenti le 1er janvier de cette année.

Vous n'avez donc droit qu'à 15 jours de congés ; vous voudriez les prendre la 1re quinzaine d'août pour partir faire un voyage en Grèce avec vos meilleurs copains. Bien sûr, vous êtes le plus jeune et pourtant vous y tenez beaucoup, à ce voyage.

Annick PIERSON

Vous avez 20 ans et vous êtes mariée. Vous travaillez comme secrétaire comptable depuis deux ans dans l'entreprise VEDAR. Cette année vous avez été en congé de maternité pendant 16 semaines de novembre à février.

Votre mari étant professeur, vous pouvez partir en congé indifféremment en juillet ou en août, bien que vous ayez une petite préférence pour le mois d'août.

2. ÉTABLISSEMENT DU PLANNING

Établissez, en complétant le tableau ci-dessous, le planning que vous remettriez au patron de VEDAR, si vous étiez le contremaître. Ce planning devra répondre aux exigences du patron mais aussi satisfaire les souhaits du plus grand nombre.

Planning des départs en congés pour 19..

DATES / NOMS	JUILLET		AOÛT		SEPTEMBRE	
	1re quinzaine	2e quinzaine	1re quinzaine	2e quinzaine	1re quinzaine	2e quinzaine
Annick PIERSON						
Franck RICAUD						
Jean BORNARD						
Raymond MAGUET						
André MOREAU						
Maurice MOUREA						
Pascal CARPENTIER						

3. JEU DE RÔLES

Au moins une personne n'a pu obtenir ses vacances aux dates souhaitées. Très mécontente de cette décision, elle va trouver Franck RICAUD, le contremaître.
Imaginez le dialogue entre ces deux personnes.

SECTION 5 :
ORGANISER LA FORMATION PROFESSIONNELLE

1. QUE FAUT-IL FAIRE?

Après avoir lu les documents suivants, complétez l'organigramme ci-contre en indiquant les conditions à remplir pour obtenir un congé de formation.

LA FORMATION PROFESSIONNELLE.

Grâce à une loi de 1971, tout salarié français a le droit de prendre un congé pour suivre le stage de formation de son choix.
Le congé ainsi obtenu s'appelle « CONGÉ DE FORMATION ».

Le congé de formation.

* Qu'est-ce que le congé de formation?
C'est le droit, pour tout salarié, de suivre une formation de son choix pendant les heures normales de travail avec maintien de son contrat de travail.

* Quelles sont les conditions pour bénéficier du congé de formation?
• Avoir 24 mois d'ancienneté dans la branche professionnelle dont 6 mois dans l'entreprise.
• Respecter un délai d'attente entre deux congés (entre 6 mois et 1 an selon le cas).

* Quelle est la durée du congé?
La durée maximale du congé est d'un an pour un stage continu à plein temps.

* L'employeur peut-il refuser un congé de formation?
Non, l'employeur peut seulement reporter le congé, s'il pense que l'absence est préjudiciable à la bonne marche de l'entreprise ou si le pourcentage des salariés déjà absents pour congé de formation dépasse 2 % de l'effectif. Ce report doit être motivé et ne peut pas excéder un an.

* Qui paye la formation?
Les frais de formation sont à la charge de l'employeur qui doit consacrer, chaque année, 1,1 % de la masse salariale à des actions de formation. Pendant la durée de la formation, le salarié perçoit 80 % ou 100 % de son salaire, selon le cas.

DANS QUEL DÉLAI FAIRE VOTRE DEMANDE?

Le salarié envisage de faire une demande de congé de formation.

non

oui

non

oui

Le salarié fait sa demande et l'adresse à son employeur.

non

oui

Son absence est-elle préjudiciable à la bonne marche de l'entreprise?

oui

non

oui

non

Le stage est reporté.

Le salarié part en stage

© Centre INFFO.

2. L'ART ET LA MANIÈRE DE DEMANDER

Vous avez obtenu un stage. Voici la lettre que vous adressez au directeur général de votre société. Complétez-la.

```
                                    Le . . . . . . . . . . .

Monsieur le . . . . . . . . . . . ,

Je me . . . . . . . . . . . de vous demander l'. . . . . . . . . . .
de m'absenter du . . . . . . . . . . . au . . . . . . . . . . . pour
. . . . . . . . . . . un stage au . . . . . . . . . . . du congé de
formation.

Il . . . . . . . . . . . d'un stage de . . . . . . . . . . . , d'une durée
de . . . . . . . . . . . , organisé par . . . . . . . . . . . et qui doit
me permettre d'. . . . . . . . . . . une formation de
. . . . . . . . . . . .

Dans . . . . . . . . . . . de votre réponse et de précisions quant
au maintien de ma . . . . . . . . . . . , je vous prie
. . . . . . . . . . . , Monsieur le . . . . . . . . . . . , l'expression
de mes . . . . . . . . . . . distingués.
```

3. QU'EN PENSEZ-VOUS?

Êtes-vous d'accord avec ces déclarations?

a - « La formation doit être réservée aux cadres. »
b - « La seule formation valable est celle que l'on acquiert dans l'entreprise. »
c - « C'est à l'employeur de payer la formation de ses employés. »

4. QUI CHOISIRIEZ-VOUS?

Dans votre service, votre chef a reçu les trois demandes de congé de formation suivantes dont les données essentielles sont présentées dans le tableau ci-dessous :
Un seul stage peut être accordé cette année.

A vous de désigner la personne qui sera retenue. Justifiez votre choix.

TABLEAU DES DEMANDES DE STAGES.

NOMS – fonction – âge – situation familiale	NATURE DU STAGE DEMANDÉ	DURÉE DU STAGE	DERNIER STAGE SUIVI		ANCIENNETÉ DANS L'ENTREPRISE	AVIS DU CHEF DE SERVICE
			Nature	Date		
Corinne DOTOT • aide-comptable • 28 ans • mariée 2 enfants	stage d'initiation à l'informatique	3 mois lundi } mardi } après-midi jeudi }	néant		2 ans	Avis favorable. Nécessité de connaître le traitement de texte pour améliorer le rendement du service.
Philippe LEJEUNE • attaché commercial • 35 ans • célibataire	stage intensif et continu d'espagnol	5 mois	Technique de vente	il y a 3 ans	5 ans	Avis favorable. La connaissance de l'espagnol devient indispensable pour l'exercice de son activité professionnelle.
Marie SIMEONI • sténodactylo au service technique • 26 ans • célibataire	stage continu de secrétariat	6 mois	Traitement de texte	21 jours il y a 2 ans	4 ans	Avis très favorable. Employée consciencieuse, compétente, qui ferait une bonne secrétaire avec une formation complémentaire.

PRODUIRE

SECTION 1 : DECRIRE UN PROCESSUS

1. INDIQUER LE FONCTIONNEMENT D'UN APPAREIL

1. COMMENT ÇA MARCHE ?

Voici dans le désordre certaines opérations à effectuer pour faire marcher un photocopieur.

a - A vous de retrouver l'ordre chronologique et de les placer dans l'organigramme ci-contre.

UTILISATION DU COPIEUR R 322

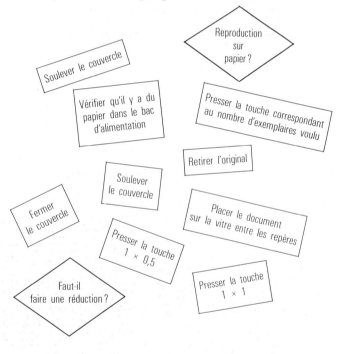

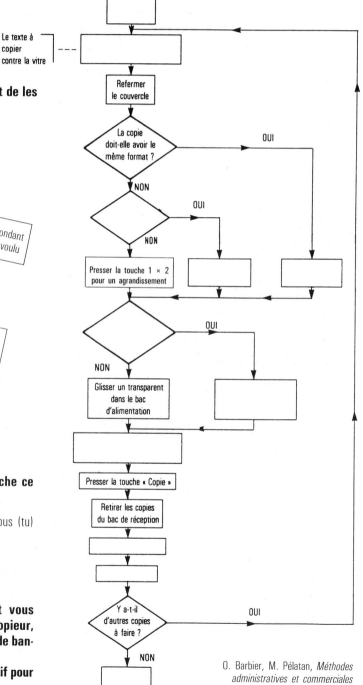

b - Vous expliquez à un collègue comment marche ce photocopieur.

Exemple : « Pour faire une photocopie, il faut que vous (tu) souleviez (soulèves) le couvercle. »
A vous !...

2. COMMENT FAITES-VOUS POUR... ?

Rédigez le mode d'emploi d'un appareil dont vous connaissez bien le fonctionnement (télex, télécopieur, distributeur de boissons, distributeur de billets de banque, etc.).
Respectez l'ordre chronologique et utilisez l'infinitif pour décrire les opérations.

O. Barbier, M. Pélatan, *Méthodes administratives et commerciales*
1re G, Nathan Technique.

2. DÉCRIRE UN PROCÉDÉ DE FABRICATION

Schéma de fabrication des confitures :

B. Cottard, R. Mariak, C. Petitcolas,
Pratique de la gestion et de l'informatique,
1re G, Nathan Technique.

Schéma de fabrication des confitures

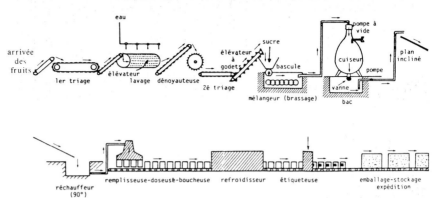

1. DES MOTS POUR...

Classez les noms suivants dans la bonne colonne et trouvez pour chacun d'eux le verbe qui lui correspond (un dictionnaire peut vous être utile).

Noms	Noms indiquant un appareil	Noms indiquant une action	Verbes correspondants	Noms	Noms indiquant un appareil	Noms indiquant une action	Verbes correspondants
l'arrivée		l'arrivée	arriver	le cuiseur			
le triage				le réchauffeur			
l'élévateur				la remplisseuse			
le lavage				la doseuse			
la dénoyauteuse				la boucheuse			
l'élévateur				le refroidisseur			
la bascule				l'étiqueteuse			
le mélangeur				l'emballage			
le brassage				le stockage			
la pompe				l'expédition			

2. COMMENT FABRIQUER.

a - Vous expliquez à un(e) ami(e) le processus de fabrication des confitures.

POUR DÉCRIRE UN PROCESSUS DE FABRICATION

D'abord les fraises arrivent

Ensuite on les trie	On **passe ensuite** au triage
Après on les trie	On **continue par** le triage
Puis on les trie	On **poursuit par** le triage
Enfin on les expédie	On **termine par** l'expédition
	On **finit par** l'expédition

Dès leur arrivée,	
Dès qu'elles sont arrivées,	
Une fois arrivées,	les fraises sont triées
Aussitôt arrivées,	
Aussitôt qu'elles sont arrivées,	

Remarque : pour décrire un processus de fabrication, on utilise souvent *le passif* (les fraises sont triées) ou *on + l'actif* (on trie les fraises).

b - Décrivez le processus de fabrication des pâtes en vous aidant du dessin ci-contre.

D.R.

3. FAIRE DE LA PUBLICITÉ.

Rédigez, pour une brochure publicitaire éditée en français, un texte court décrivant le processus de fabrication d'un produit de votre choix (pain, vin, vêtement, café, papier...).

SECTION 2 : ESPIONNER ET CONTREFAIRE

1. MÉFIEZ-VOUS DES ESPIONS

COMMENT DEVENIR UN PARFAIT ESPION INDUSTRIEL

Comment découvrir le nouveau produit qui sera commercialisé dans cinq ans par l'entreprise X, sa stratégie commerciale, ses secrets de fabrication ?

L'espionnage industriel – ou, si l'on veut parler plus poliment, le « renseignement concurrentiel » –, ça peut rapporter gros. Tout ce qui permet d'économiser du temps, de l'argent et de la matière grise intéresse les espions.

Si vous voulez devenir l'un d'eux, il vous suffit d'avoir une bonne imagination, une patience sans limites, un peu de savoir-faire... et de mettre en pratique les huit règles suivantes.

1. Je commence par réunir toute la documentation disponible sur le sujet qui m'intéresse : les brochures des foires et des salons, les catalogues, les notices techniques, les prospectus publicitaires, les articles des publications spécialisées... Je classe tous ces documents et les traite sur ordinateur.
J'obtiens ainsi 80 % des renseignements que je recherche.

2. J'étudie soigneusement les brevets industriels déposés à l'office européen des brevets de Munich. Ce n'est pas interdit et cela fournit des indications sur les entreprises et leur niveau de développement.

3. Quand ma victime est désignée, je fais embaucher par l'entreprise un de mes collaborateurs à un poste insignifiant : gardien, employé de nettoyage, stagiaire...
Il lui suffira de fouiller dans les poubelles pour récupérer les photocopies de documents importants et les carnets de sténo de la secrétaire du patron.

4. En cas de difficulté, j'utilise les charmes de certaines personnes. Aucun individu n'y résiste. Comme le dit mon associé : « Il est surprenant de voir combien grandit le pouvoir de séduction de certains ingénieurs lorsqu'ils franchissent les frontières. »

5. Par l'agence de voyages qui délivre les billets de transport des dirigeants, je suis en mesure de connaître leurs déplacements. Ainsi, j'arrive très vite à savoir quelles affaires ils traitent et avec quels organismes ils les traitent.

6. Rien de plus facile que de faire suivre de très près ces responsables au cours de leurs déplacements. Et chacun sait que c'est en voyageant en train ou en avion ou bien en fréquentant les restaurants du quartier que l'on apprend le plus de choses sur une société ou ses activités.

7. Avec un bon costume et un attaché-case, il est toujours possible, pour un motif ou pour un autre, de s'introduire dans une entreprise.
Et comme la fin justifie les moyens, j'en profite pour installer dans le bureau du P.-D.G. un micro-émetteur capable de capter toutes les conversations dans un rayon de vingt mètres.

8. Et puis, pourquoi ne pas brancher un appareil d'écoute téléphonique sur la ligne du patron ? C'est quelquefois possible... et très efficace.

Bonne chance !

1. LA MENACE PÈSE PARTOUT.

Spécialiste du contre-espionnage, vous êtes responsable de la sécurité de la société chimique MINOX.

Quelles mesures allez-vous mettre en place pour protéger votre société contre toutes les fuites possibles ?

2. ATTENTION, DANGER !

Quels conseils et consignes allez-vous donner au personnel de MINOX pour le mettre en garde contre toutes les techniques employées par les espions industriels ?

POUR METTRE EN GARDE

- Attention à...
- Faites attention à...
- Vous devrez faire attention à...
- Méfiez-vous de...
- Il faut se méfier de...
- Veillez à...
- Surtout ne pas (transmettre)...
- Il n'est pas question de...
- Il ne faut surtout pas...
- La première précaution à prendre est de...

2. ATTENTION A LA CONTREFAÇON

1. COMPRENDRE.

Lisez le document ci-contre et répondez aux questions suivantes en cochant la (ou les) bonne(s) réponse(s).

1. Ce document est :

   a - une publicité

   b - un article de presse

   c - un jugement

2. Ce document a été publié à la demande :

   a - d'un journaliste

   b - d'une entreprise

   c - d'un juge

3. La victime est :

   a - un particulier

   b - une entreprise

4. L'activité de cette victime est de :

   a - vendre des vêtements

   b - fabriquer des vêtements

   c - créer des vêtements

5. L'accusé est :

   a - un particulier

   b - un commerçant

6. L'activité de cet accusé est de :

   a - vendre des vêtements

   b - copier des vêtements

   c - reproduire des marques

7. L'accusé doit verser une somme :

   a - à l'État

   b - au juge

   c - à la victime

8. Les expressions employées dans le document sont utilisées dans :

   a - le langage courant

   b - le langage juridique

   c - le langage littéraire

CONTREFAÇON DES MARQUES
VANEL

Par un jugement en date du 17 février 19.. le Tribunal de Grande Instance de Paris dit :

SUR LA CONTREFAÇON

Attendu qu'il résulte du procès-verbal de saisie contrefaçon et des vêtements versés aux débats la preuve que le défenseur commercialise des vêtements sur lesquels sont apposés la reproduction servile des deux marques dont la société demanderesse est la propriétaire : ...

SUR LA RÉPARATION DU PRÉJUDICE

Attendu que compte tenu de l'important préjudice subi par la Société VANEL et du fait de l'atteinte portée à chacune de ses deux marques et du dommage commercial qui découle pour elle de la contrefaçon par des articles similaires à ceux qu'elle commercialise elle-même, mais d'une qualité très nettement inférieure, il convient, compte tenu des éléments de la cause, de lui allouer à titre de dommages-intérêts, sans qu'il soit besoin de recourir à une mesure d'expertise, la somme de 80 000 F.

PAR CES MOTIFS...

Déclare la Société VANEL bien fondée en sa demande en contrefaçon de marques formée à l'encontre de Jean-Pierre FOULET.

Condamne en conséquence Jean-Pierre FOULET à payer à la Société VANEL en réparation du préjudice qu'elle a subi du fait de la contrefaçon la somme de 80 000 F à titre de dommages-intérêts.

Autorise la Société VANEL à faire publier le présent jugement, en entier ou par extraits, dans cinq revues ou journaux français de son choix.

---

2. DÉCOUVRIR LE LANGAGE DU SPÉCIALISTE.

Faites correspondre dans le tableau ci-dessous chacun des termes de la première colonne à l'expression analogique qui lui convient dans la deuxième colonne.

1 - Attendu que	a - Le plaideur
2 - Un procès-verbal de saisie	b - Contre
3 - Le défendeur	c - Attribuer
4 - Servile	d - Étant donné que
5 - La demanderesse	e - Action juridique (une)
6 - Le préjudice	f - En tant que
7 - Allouer	g - Faire appel
8 - Les dommages et intérêts	h - Justifié
9 - Recourir	i - Qui copie l'original
10 - Bien-fondé	j - Le coupable
11 - A l'encontre de	k - Le dommage, le tort
12 - A titre de	l - Somme due par l'auteur d'une faute.

---

3. EXPLIQUER.

Résumez ce document en français courant pour un(e) ami(e) qui ne comprend pas le langage de spécialiste.

4. JUSTIFIER.

Pourquoi ce document a-t-il été publié dans la presse ?

SECTION 3 : INFORMATISER ET ROBOTISER

1. L'INFORMATIQUE, A QUOI ÇA SERT?

Une fois programmé, un système informatique permet :

de stocker sous très peu de volume et à moindre coût par rapport au papier une masse importante d'informations, d'archives, avec la possibilité de retrouver et d'extraire immédiatement les données souhaitées ;

d'éviter à l'homme un certain nombre de tâches pénibles, dangereuses, répétitives, en pilotant par ordinateur les machines chargées de les effectuer (par exemple : robot de peinture, manipulation de produits toxiques) ;

d'obtenir, dans un temps très court, la réponse à un problème donné (devis, connaissance du délai de livraison, études, fabrication, etc.), indispensable pour la compétitivité d'une entreprise ou la qualité d'un service ;

de faire rapidement et avec fiabilité d'exécution des calculs très importants ;

1. COMPLÉTER.
En vous aidant de tout ce qui précède, complétez les phrases suivantes en faisant les transformations nécessaires.

1. Avec l'ordinateur, le . . . . d'une masse importante d'informations, d'archives est désormais possible sous un . . . . volume et à un . . . . très bas.
2. Avec l'ordinateur, le pilotage des . . . . chargées . . . . un certain nombre de tâches . . . . , ... , ... , peut être . . . .
3. Grâce à l'informatique, on . . . . obtenir la réponse à un . . . . donné dans de très brefs . . . . , ce qui rend l'entreprise plus . . . .

d'aider à concevoir un produit et à stimuler sa fabrication avant de l'expérimenter en maquette ou en grandeur réelle ;

à partir d'un programme initial, de modifier des paramètres et d'obtenir rapidement le nouveau résultat ;

de mieux diffuser les informations qui circulent plus vite, plus loin et sans déformation...

8 **... de résoudre un problème technique ou économique à distance, dans de très brefs délais, et au rythme souhaité.**

A.D.I.

4. Des calculs très . . . . peuvent être . . . . , vite et avec . . . . , en utilisant . . . .
5. Utilisez l'ordinateur et il vous . . . . concevoir un produit et . . . . sa fabrication avant son . . . . en maquette ou en . . . . réelle.
6. L'utilisation de l'informatique . . . . de modifier, à partir d'un . . . . initial, des paramètres et d'obtenir très . . . . le nouveau . . . .
7. Une . . . . diffusion des . . . . peut être . . . . avec l'ordinateur : . . . . circulent plus vite, plus loin et sans être . . . .
8. Trouver une . . . . à un problème . . . . ou . . . . , c'est désormais possible, grâce à . . . .

2. ANALYSER.

Soulignez tous les termes positifs du texte.

2. ... ET LA ROBOTISATION?

Écoutez (ou lisez) ce dialogue.

St-Maxim, « *Créez!* » n° 41, septembre 1984.

1. ROBOTISER L'ENTREPRISE.

a - Combien de personnes interviennent dans cette scène ?

b - Où se passe cette scène ?

c - Relevez tous les termes positifs du dialogue.

2. QUE PENSEZ-VOUS DE L'INFORMATISATION ?

Votre interlocuteur est un inconditionnel de l'informatisation. Vous admettez que cette nouvelle technologie présente des avantages. Néanmoins, vous avez quelques restrictions à faire.

Exemple : **« S'il est vrai que** l'informatisation supprime le travail pénible, **il n'en demeure pas moins que** cette nouvelle technologie risque d'accroître le chômage. »

Répondez à votre interlocuteur en utilisant les expressions suivantes :

- Il est certain que... mais...
- Il est exact que... cependant...
- J'admets volontiers (que).... pourtant...
- Certes...
- En effet... ⎫ mais il faut aussi savoir que...
- Effectivement... ⎭
- Tout à fait d'accord avec vous pour dire que... mais tout de même...

3. ET DEMAIN...

Imaginez le monde des bureaux et des usines en l'an 2030.

- Il y aura...
- On verra...
- On verra apparaître...
- On verra l'apparition...
- ... ... fera son apparition.
- On assistera...
- On pourra...
- On sera capable...

4. JEU DE RÔLES.

Votre collègue vient d'obtenir une promotion dans sa carrière. Vous le rencontrez et le félicitez.

POUR FÉLICITER
• Je vous (te) félicite !
• Je tiens à vous (te) féliciter !
• Permettez (permets)-moi de vous (te) féliciter !
• Félicitations !
• Toutes mes félicitations !
• Je vous (te) présente toutes mes félicitations !
• Mes compliments !
• Bravo !
• Je suis content pour vous (toi) !

SECTION 4 : COURIR DES RISQUES

1. PARTOUT DES INSCRIPTIONS

En vous promenant dans les locaux et services d'une entreprise, vous lirez de nombreuses inscriptions. En voici quelques-unes :

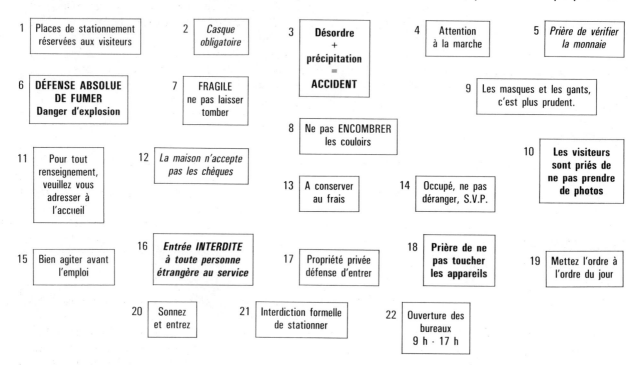

1 Places de stationnement réservées aux visiteurs

2 *Casque obligatoire*

3 **Désordre + précipitation = ACCIDENT**

4 Attention à la marche

5 *Prière de vérifier la monnaie*

6 **DÉFENSE ABSOLUE DE FUMER** Danger d'explosion

7 FRAGILE ne pas laisser tomber

9 **Les masques et les gants, c'est plus prudent.**

8 Ne pas ENCOMBRER les couloirs

11 Pour tout renseignement, veuillez vous adresser à l'accueil

12 *La maison n'accepte pas les chèques*

10 **Les visiteurs sont priés de ne pas prendre de photos**

13 A conserver au frais

14 Occupé, ne pas déranger, S.V.P.

15 Bien agiter avant l'emploi

16 ***Entrée INTERDITE à toute personne étrangère au service***

17 Propriété privée défense d'entrer

18 **Prière de ne pas toucher les appareils**

19 Mettez l'ordre à l'ordre du jour

20 Sonnez et entrez

21 Interdiction formelle de stationner

22 Ouverture des bureaux 9 h - 17 h

1. CE QU'ELLES VEULENT DIRE.

Indiquez en reportant le numéro des inscriptions ci-dessus celles qui...

2. OÙ LES TROUVE-T-ON ?

Pour chacune des inscriptions, indiquez l'endroit où vous pourriez la voir.

... donnent	... expriment					... concernent
une information	une demande ou un ordre	un conseil	une mise en garde	une interdiction formulée de manière sèche	une interdiction formulée de manière polie	la sécurité dans l'entreprise

3. RAPPEL DES CONSIGNES DE SÉCURITÉ.

Aux établissements VERNON, plusieurs accidents se sont produits le mois dernier en raison du non-respect des dispositifs de sécurité. Le directeur technique a rédigé la note de service ci-contre destinée aux personnels des ateliers afin de leur rappeler les consignes de sécurité.

Complétez cette note de service.

4. ENTRER SANS FUMER.

**Vous êtes contre le tabac au bureau.
Rédigez un texte humoristique invitant vos visiteurs à ne pas fumer.**

Depuis quelques ..., plusieurs ... se sont succédé dans ... . Ces ... auraient pu, pour la plupart, être évités, si ... .

En conséquence, je rappelle à ... qu'il est ... .

Dans les ateliers, il est en effet obligatoire
– de ...
– de ...
– et de ...
Il est du devoir de chacun de ... au respect de ... . La sécurité est l'... de tous.

Je rappelle enfin que le refus de respecter les consignes de sécurité ... grave, susceptible d'entraîner un ... sans indemnités.

Je ... sur la vigilance de chacun pour que ces accidents

Le Directeur technique.

2. INTERPRÉTATION D'UNE MÊME RÉALITÉ

A la suite d'un sinistre survenu dans un atelier d'imprimerie, le chef de cet atelier recueille les témoignages oraux des trois témoins. **Écoutez ou lisez leur déclaration.**

Monsieur A... :

« J'étais sur ma machine quand j'ai reniflé[1] une odeur de brûlé. J'ai regardé un peu partout et j'ai vu à côté de Monsieur C...., à un mètre peut-être, une fumée épaisse qui sortait du bac à chiffons. Y a d'ailleurs que lui qui fume et cela ne m'étonnerait pas que le feu soit dû à un clop[2] mal éteint... D'ailleurs, si j'étais à votre place, Chef, je me chargerais de lui faire comprendre... Ben, après, les choses sont allées très vite : une flamme a léché le mur et a mis le feu à un tas de papier, qui n'aurait pas dû se trouver là d'ailleurs. C... a saisi l'extincteur, mais, comme par hasard, ça n'a pas marché ! Faut pas être malin, tout de même ! Quand j'ai vu ça, j'ai foncé sur l'extincteur de l'entrée, ça commençait à chauffer drôlement et j'ai couru pour éteindre le début d'incendie... Ben oui... j'ai fait mon service chez les pompiers, alors moi, les incendies, ça me connaît. Sans me vanter, je crois que j'ai drôlement limité les dégâts : quelques rames de papier seulement sont touchées mais le mur est tout noir. »

Monsieur B... :

« C'est dans le bac servant à jeter les chiffons de nettoyage que le feu s'est déclenché. Une flamme a dégagé une fumée épaisse et a gagné rapidement quelques emballages déchirés qui se trouvaient à côté des rames de papier. L'une d'elle commençait à brûler lorsque Monsieur C... a saisi l'extincteur de l'atelier, mais sa tentative est demeurée vaine. J'ai jugé utile de couper immédiatement le courant en actionnant l'interrupteur général. Monsieur A... est allé chercher rapidement l'autre extincteur à l'entrée de l'atelier ; les rames commençaient à brûler et la fumée s'épaississait. Il a réussi à éteindre le foyer mais deux rames de "couché"[3] ont été endommagées ; la peinture du mur est noircie sur une bande de 1,50 m de haut et de 2 m de large environ. »

Monsieur C... :

« J'étais en train de nettoyer le blanchet[4] de ma machine lorsque j'ai senti une drôle d'odeur. Je me suis tourné dans tous les sens et mon regard s'est posé sur le bac à chiffons qui commençait à s'enflammer... Je sais bien que je fume de temps en temps, mais ça ne pouvait pas être moi, j'écrase toujours mes cigarettes avant de les jeter. De toute façon, c'était une bricole... si l'extincteur avait bien marché, ce feu n'aurait pas dépassé le bac à chiffons... Il faudrait tout de même revoir les extincteurs... Je m'apprêtais à étouffer le feu lorsque Monsieur A... est arrivé, il en a mis partout... Ça n'a pas arrangé les rames. Le mur est tout juste un peu noirci, un bon coup de lessive et il n'y paraîtra plus. »

AUCLAIR (D.), VIVIEN (J.-P.) : *Méthode administrative et commerciale 1re G.*, © Hachette.

1. Senti

2. Cigarette (fr. familier)

3. Papier de qualité

4. Partie d'une machine servant à imprimer.

1. AVEZ-VOUS BIEN COMPRIS ?

Après avoir écouté (ou lu) les trois témoignages précédents, complétez le tableau suivant :

	Où a pris le feu ?	Quelle a été l'évolution de l'incendie ?	Comment ont réagi les témoins ?	Quelle est l'importance des dégâts ?	Qui est le responsable ?
D'après Monsieur A					
D'après Monsieur B					
D'après Monsieur C					

2. DONNER UN AVIS.

Quelles remarques vous suggèrent les déclarations des 3 témoins sur leur personnalité et leurs intentions ?

3. RÉDIGER.

Chef d'atelier, vous devez, après avoir recueilli ces trois témoignages, rédiger le compte rendu de l'accident destiné au responsable de la sécurité de votre entreprise. N'oubliez pas d'indiquer le lieu, la date, le nom des témoins de l'accident et d'en décrire les circonstances et les conséquences. Essayez d'en déterminer les responsabilités.

SECTION 5 : COUVRIR LES RISQUES

1. FAIRE DES RECOMMANDATIONS

Voici les recommandations faites par un spécialiste pour rédiger un message « qui fait vendre ».

1. COMMENT RÉDIGER POUR BIEN VENDRE.

Indiquez si les recommandations ont été respectées dans le document ci-dessous. Si c'est le cas, reliez par une flèche la recommandation à la partie concernée du texte.

a - Commencez par écrire une première phrase qui s'adresse au lecteur, qui le concerne directement.	*b - N'hésitez pas à dramatiser.*	*c - Dites au lecteur ce qu'il doit faire.*

d - Utilisez l'image pour appuyer les mots.

e - Utilisez des mots de liaison.

f - Présentez des cas concrets. Pas d'idées abstraites.

g - Mettez l'accent sur les avantages.

h - Parlez au lecteur de lui et non pas de vous.

i - Répondez par avance aux objections du lecteur.

j - Invitez le lecteur à l'action.

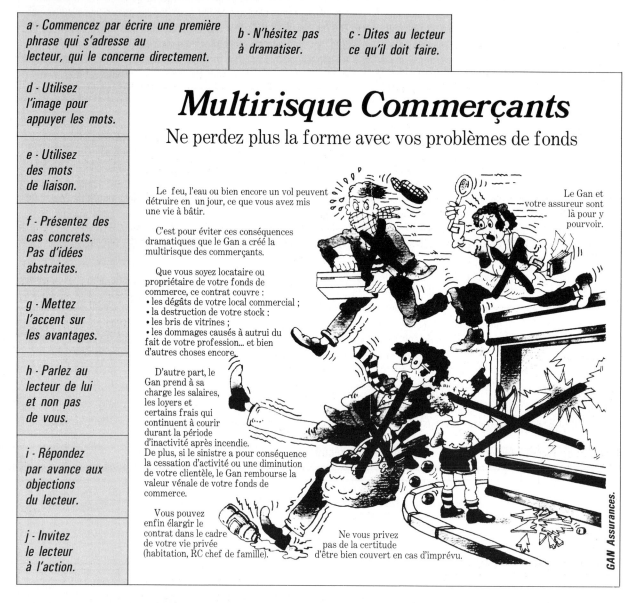

Multirisque Commerçants

Ne perdez plus la forme avec vos problèmes de fonds

Le feu, l'eau ou bien encore un vol peuvent détruire en un jour, ce que vous avez mis une vie à bâtir.

C'est pour éviter ces conséquences dramatiques que le Gan a créé la multirisque des commerçants.

Que vous soyez locataire ou propriétaire de votre fonds de commerce, ce contrat couvre :
• les dégâts de votre local commercial ;
• la destruction de votre stock ;
• les bris de vitrines ;
• les dommages causés à autrui du fait de votre profession... et bien d'autres choses encore.

D'autre part, le Gan prend à sa charge les salaires, les loyers et certains frais qui continuent à courir durant la période d'inactivité après incendie. De plus, si le sinistre a pour conséquence la cessation d'activité ou une diminution de votre clientèle, le Gan rembourse la valeur vénale de votre fonds de commerce.

Vous pouvez enfin élargir le contrat dans le cadre de votre vie privée (habitation, RC chef de famille).

Le Gan et votre assureur sont là pour y pourvoir.

Ne vous privez pas de la certitude d'être bien couvert en cas d'imprévu.

GAN Assurances.

2. QUELLE ASSURANCE POUR QUEL RISQUE ?
Complétez le tableau suivant en donnant des exemples.

Nature de l'assurance	LE RISQUE : contre quoi devez-vous vous protéger ?	L'OBJET DU RISQUE que devez-vous protéger ?	LA GARANTIE : à quoi avez-vous droit ?
Assurance de biens			
Assurance « pertes d'exploitation »			
Assurance de responsabilités			

2. ARGUMENTER

Voici un argumentaire préparé par une compagnie d'assurances à l'intention de ses agents et destiné à les aider à mieux répondre aux objections des créateurs d'entreprise.

Les objections et les réponses ont été mises dans le désordre. A vous de faire correspondre les unes aux autres.

QUELQUES RÉPONSES AUX OBJECTIONS QUE PEUVENT VOUS OPPOSER LES CRÉATEURS.

---

1. De toute façon... c'est trop cher	a - Bien sûr... Mais pouvez-vous m'accorder quelques instants. Très souvent, seules les questions de retraite et de prévoyance sont abordées. Je suis le seul à pouvoir vous proposer une solution globale.
2. L'assurance, c'est compliqué, je n'y comprends rien	b - Pensez à compléter vos garanties. Vous pourrez faire procéder au regroupement auprès d'un seul interlocuteur pour tous vos risques, un seul conseiller qui vous connaisse bien.
3. On m'offre ailleurs les mêmes garanties.	c - Ce n'est pas du temps perdu. La connaissance de vos risques, de vos obligations n'est jamais du temps perdu. – Vous n'avez pas de temps. J'en ai pour vous. En effet, votre métier c'est d'entreprendre. Mon métier : c'est l'assurance, vous conseiller pour une meilleure protection.
4. Je suis déjà assuré par ailleurs pour telle garantie.	d - Voulez-vous que nous étudiions les garanties qui vous sont indispensables en fonction de votre budget souhaité ? – Nous savons que vous n'avez pas de fonds à gaspiller. Nous assurons dans un premier temps l'indispensable. Vous définissez votre budget maximum d'assurance et nous chercherons ensemble à utiliser ce budget de la meilleure façon possible.
5. Ce n'est pas moi qui m'occupe de l'assurance.	e - Je vous garantis que ce ne sera pas le cas. Je m'engage à vous revoir périodiquement pour revoir vos garanties en fonction de l'évolution de votre entreprise, car une entreprise en création évolue vite. Nous choisissons ensemble la date à laquelle nous nous reverrons. C'est la certitude d'un suivi.
6. Je n'ai pas le temps.	f - Je me propose justement de vous expliquer. Je suis certain que vous allez comprendre.
7. J'ai déjà vu un assureur... ... un de plus.	g - Avec quelle personne dois-je prendre rendez-vous ? Est-ce votre comptable ou quelqu'un d'autre ? Donnez-moi son nom. Je prendrai rendez-vous avec cette personne.
8. Une fois les primes payées, on ne voit plus l'assureur.	h - C'est possible. Je vous propose de comparer les garanties qui vous sont proposées et celles que vous jugez nécessaires dans un premier temps.

UAP.

3. QUI EST RESPONSABLE?

1. Prenez connaissance du texte ci-contre et faites le croquis de l'accident que M. Mangin devra adresser à sa compagnie d'assurances.

2. D'après vous :
- qui est la victime ?
- qui est le responsable ?
- qui supportera les frais de l'accident ?
  - a - M. Mangin ?
  - b - le cycliste ?
  - c - l'assureur de la voiture ?
  - d - l'assureur du cycliste ?
  - e - le propriétaire du mur ?

> M. Mangin est au volant de sa voiture, il arrive à un carrefour à 60 km à l'heure, le feu est au vert. Au moment où il va passer, sur sa droite, un cycliste brûle le feu rouge. M. Mangin n'a pas le temps de freiner; il braque violemment à gauche pour éviter le cycliste; sa voiture monte sur le trottoir et va s'écraser contre un mur. Le cycliste n'a pas été touché, M. Mangin a quelques égratignures; sa voiture, assurée « au tiers », est fortement endommagée, la réparation se monte à la somme de 16 385 F.

FINANCER ET FAIRE LES COMPTES

SECTION 1 : JOUER AVEC LES CHIFFRES

1. LE BON CHIFFRE

Complétez les séries suivantes et indiquez, à chaque fois, la règle qui vous permet de continuer chacune d'elle.

1. | 2 | 5 | 8 | 11 | | | | |

2. | 111 | 222 | 333 | | | | |

3. | 97 | 88 | 79 | 70 | 61 | | | |

4. | 5 | 6 | 9 | 10 | 13 | | | | 21 |

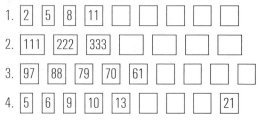

ÉCONOMISTE AUTOGESTIONNAIRE — ÉCONOMISTE PRUDENT — ÉCONOMISTE PESSIMISTE

3. LA PYRAMIDE

Complétez la pyramide suivante. Le total des points de chaque case est égal à la somme des points des deux cases qui se trouvent au-dessous.

Modèle :   *A vous :*

5. QUELLE QUESTION?

Quelle a été la question posée à ces neuf économistes ?

ÉCONOMISTE PONDÉRÉ — ÉCONOMISTE PATIENT — ÉCONOMISTE BLASÉ

2. LES BONS COMPTES

Par quels signes (+, −, ×, :) devez-vous relier les chiffres pour obtenir les résultats indiqués ici ?

1. | 4 | 4 | 4 | 4 | = | 16 |

2. | 7 | 7 | 7 | 7 | = | 14 |

3. | 3 | 3 | 3 | 3 | = | 15 |

4. | 5 | 5 | 5 | 5 | = | 3 |

5. | 9 | 3 | 3 | 5 | 3 | = | 9 |

ÉCONOMISTE INCERTAIN — ÉCONOMISTE DÉMOGRAPHE

4. TOUT EST RELATIF

1. Voici une liste d'expressions. Indiquez le chiffre qui, pour vous, exprime l'idée contenue dans l'expression.

1. Vivre *vieux*.
2. Une famille *nombreuse*.
3. Se lever *tôt*.
4. Rouler *vite* en voiture.
5. Se marier *tôt*.
6. Travailler *beaucoup* (en heures par jour).
7. Avoir un *léger* retard au travail.
8. Avoir *beaucoup* de congés payés (en jours par an).
9. Le *minimum* vital (en valeur monétaire).
10. Un taux de chômage *insupportable*.
11. Un taux de croissance économique *important*.

ÉCONOMISTE PLANIFICATEUR

2. Comparez vos chiffres avec ceux des autres membres du groupe. Comment interprétez-vous les différences ?

6. LES NOMBRES CROISÉS

Reportez dans la grille ci-dessous, les chiffres indiqués par chacune des définitions suivantes :

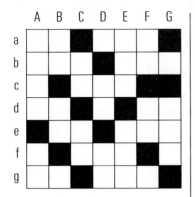

Horizontalement :

a - « Il m'en a vendu une douzaine. »
- « Pour avoir le chiffre exact, il faut multiplier 100 par 4 et ajouter 25. »

b - « D'accord pour une centaine plus 2 exemplaires en cadeau. »
- « Il met 50, eh bien moi, je double. »

c - « Si j'en prends 2 à 175 F pièce, ça me coûtera combien ? »

d - « Vous me devez 54 F et vous m'avez donné 71 F. Je dois donc vous rembourser la différence. »
- « J'en prendrai 3 douzaines. »

e - « 17 km à l'heure ! Lui, il peut tripler cette vitesse ».
- « Il m'avait dit 122 F et maintenant il double cette somme. »

f - « Je vous dois 500 exemplaires, plus 25 de la semaine dernière. »

g - « Quel âge il a ? C'est bien simple, il a vécu 24 ans en Suisse, puis 50 ans au Brésil. »
- « Non, pas 800 F, car j'ai bénéficié d'une réduction de 50 %. »

Verticalement :

A - « Mon numéro de téléphone ? C'est facile, vous faites quatre fois le chiffre 1. »
- « C'est plus que 36 mais moins que 38. »

B - « Il en voulait seulement une vingtaine. »

- « Non, 100, c'est trop, je n'en prendrai que les trois quarts. »

C - « Il est encore jeune, il a fêté ses 20 ans il y a 3 ans. »
- « Vous me mettez 3 fois 5 bouteilles. »

D - « 50 F ? Non, c'était le prix de l'an dernier, mais depuis le prix a augmenté de 10 %. »
- « Deux douzaines, ça me suffira. »

E - « Il a dépensé 105 F la semaine dernière et cette semaine le double. »
- « Combien reste-t-il de salariés ? C'est bien simple, il y en avait encore 750 l'an dernier et depuis la société en a licencié les deux tiers. »

F - « Pour obtenir le chiffre réel, il faut prendre le quart de 200. »
- « Vous prenez 20, vous multipliez par 2 et vous enlevez 6. »

G - « Le chiffre d'affaires était de 160, mais depuis il a quadruplé. »

---

7. QUEL EST L'ÂGE DU P.-D.G. ?

TOXITRANS, une entreprise spécialisée dans le transport des produits toxiques en Europe, comprend treize personnes :

- le P.-D.G. : Jean MARTEL
- le Secrétaire Général : Gilles BRAULT
- le Directeur technique : André CHANTREAU
- la comptable : Sarah DUVIVIER
- l'informaticien : Louis LAMBERT
- une secrétaire administrative : Martine CORAL
- le responsable transport : Jérôme LE BOTERF
- le responsable de l'entretien : Jacques CRESPIN
- un ouvrier mécanicien : David MAGRET
- un ouvrier mécanicien : Éric CALVE
- un chef des ventes : Brigitte MADEAU
- un vendeur : François CARON
- une vendeuse : Katia MICHAUD

1. QUEL EST L'ÂGE DE JEAN MARTEL, P.-D.G. ?

• **Si vous êtes plusieurs, vous vous répartissez en 6 groupes numérotés de 1 à 6. Chaque groupe prend les indications présentées ci-dessous correspondant à son numéro.**
• **Si vous êtes seul, il n'y a pas de problème. Vous prenez toutes les indications et vous vous mettez au travail. Bon courage !**

Groupe 1 : Vous savez que Brigitte a 7 ans de moins que Gilles.
Vous savez aussi que François a 3 ans de moins que Jérôme.

Groupe 2 : Vous savez que le P.-D.G., Jean est plus âgé de 7 ans que Gilles.
Vous savez aussi que Katia a 14 ans de moins qu'André.

Groupe 3 : Vous savez que Brigitte est née 6 ans avant François et 9 ans avant Martine.

Groupe 4 : Vous savez que Sarah est plus jeune d'un an que Jérôme.
Vous savez aussi que Louis, avec ses 25 ans, a 11 ans de moins qu'André.

Groupe 5 : Vous savez que Jacques a vécu 3 ans de plus que Sarah.
Vous savez que Sarah a le même âge qu'Éric.

Groupe 6 : Vous savez que l'âge de David est inférieur de 13 ans à celui de Jacques.
Vous savez aussi que David a 10 ans de moins qu'Éric et enfin qu'Éric a 8 ans de plus que Katia.

2. UN PEU DE CALCUL.
Si vous êtes bon en maths... ou si vous avez une calculette, calculez l'âge moyen du personnel de TOXITRANS.

SECTION 2 : SE PROCURER DES CAPITAUX

LE FINANCEMENT DES ENTREPRISES

* Les besoins de financement : pourquoi de l'argent ?

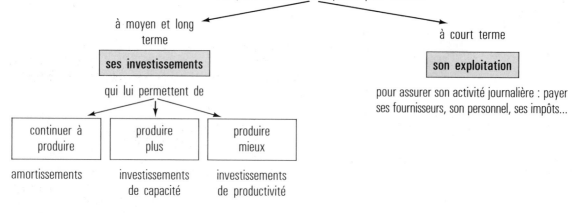

L'entreprise a besoin de capitaux pour financer

à moyen et long terme

ses investissements

qui lui permettent de

continuer à produire	produire plus	produire mieux
amortissements	investissements de capacité	investissements de productivité

à court terme

son exploitation

pour assurer son activité journalière : payer ses fournisseurs, son personnel, ses impôts...

* Les sources de financement : où trouver de l'argent ?

– *Le financement des investissements.*

Pour financer ses investissements, l'entreprise doit se procurer des capitaux à moyen et long terme. Elle peut faire appel à :

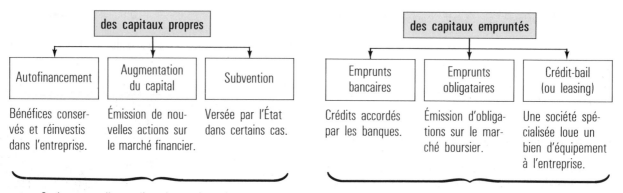

des capitaux propres

Autofinancement	Augmentation du capital	Subvention
Bénéfices conservés et réinvestis dans l'entreprise.	Émission de nouvelles actions sur le marché financier.	Versée par l'État dans certains cas.

Capitaux que l'entreprise n'a pas à rembourser.

des capitaux empruntés

Emprunts bancaires	Emprunts obligataires	Crédit-bail (ou leasing)
Crédits accordés par les banques.	Émission d'obligations sur le marché boursier.	Une société spécialisée loue un bien d'équipement à l'entreprise.

Capitaux que l'entreprise devra rembourser.

– *Le financement de l'exploitation.*

Si les ventes de l'entreprise ne sont pas suffisantes pour faire face à ses dépenses régulières, elle doit se procurer des capitaux grâce :

au crédit fournisseurs	à l'escompte des traites	au découvert bancaire	aux crédits à court terme	à l'affacturage
Délai de règlement accordé par les fournisseurs à l'entreprise.	Avances par les banques des créances de l'entreprise.	La banque autorise l'entreprise à utiliser son compte débiteur.	Accordés par les banques à certaines conditions.	Une société spécialisée paye au comptant les créances que l'entreprise détient sur ses clients.

Quel est le moyen de financement idéal?

« Une augmentation de capital est toujours aléatoire et parfois dangereuse : on ne sait jamais si les actionnaires répondront favorablement à votre appel à souscrire et on redoute quelquefois qu'un groupe concurrent ou une banque d'affaires n'en profite pour prendre pied dans l'entreprise; s'endetter pose, d'ailleurs, d'autres problèmes : il s'agit d'être sûr d'être en mesure de rembourser une fois l'échéance arrivée, alors qu'on ignore dans quelle situation se trouvera l'entreprise à ce moment-là. »

Roy (M.), *Découverte de l'entreprise*,
collection Profil, Paris, Hatier.

Reste l'autofinancement qui constitue de nos jours la plus grande part du financement des entreprises. Mais si les dirigeants de la firme distribuent peu de dividendes aux actionnaires, ces derniers seront tentés de vendre les actions de la société pour en acheter d'autres plus avantageuses. Ainsi le risque de voir un groupe prendre le contrôle de la société devient sérieux.

1. LES INVESTISSEMENTS DES SOCIÉTÉS ANONYMES

Pour financer ses investissements, une société anonyme peut :

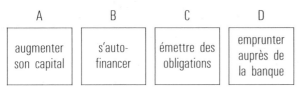

A	B	C	D
augmenter son capital	s'auto-financer	émettre des obligations	emprunter auprès de la banque

1. QUEL MODE DE FINANCEMENT?

Voici quelques caractéristiques correspondant à ces quatre modes de financement. A quel(s) mode(s) de financement correspond chacune d'elles?

1. Ce mode de financement constitue un prêt pour l'entreprise.
2. Il est constitué par un apport d'argent de la part des actionnaires.
3. Il correspond aux profits non distribués.
4. Il risque de décourager les actionnaires.
5. Il convient spécialement à une entreprise endettée.
6. Il réduit la part des bénéfices distribués.
7. Il permet à l'entreprise de garder et même d'améliorer son indépendance financière.
8. Il entraîne le paiement d'intérêts.
9. Il augmente l'endettement de la société.
10. Il fait intervenir un organisme bancaire.
11. Il oblige la société à rembourser un jour.
12. Il ne fait appel qu'aux ressources propres de la société.
13. Il fait intervenir la Bourse des valeurs.
14. Il entraîne un accroissement des capitaux propres.
15. Il n'entraîne pas de charges financières.
16. Il peut donner à une personne l'occasion de prendre le contrôle de la société.
17. Il ne donne pas de droit de gestion sur la société.
18. Il est adapté au financement des projets risqués.
19. Il évite de recourir au marché financier.
20. Il accroît la capacité d'emprunt de la société.

2. EST-CE TOUJOURS POSSIBLE?

Est-ce que ces quatre moyens de financement peuvent être adoptés par n'importe quelle entreprise (entreprise individuelle, société de personnes, S.A.R.L., S.A.)?

2. COMMENT FINANCER?

Monsieur Ricard envisage de créer une boulangerie industrielle. Une étude sérieuse lui a montré que les investissements à faire s'élèveraient à 1 800 000 F.
Or, il ne dispose que de 150 000 F d'économies et il pourrait tirer 500 000 F de la vente de sa petite boulangerie actuelle. Son père pourrait par ailleurs lui fournir un terrain évalué à 200 000 F.

Il reste à trouver pour ce grand projet l'argent qui manque.
Que pouvez-vous conseiller à M. Ricard comme moyen de financement intéressant?

Évaluation des investissements

Terrain :	200 000 F
Hangar :	300 000 F
Matériel de production :	850 000 F
Matériel de transport :	200 000 F
Matériel de bureau :	50 000 F
Installation :	200 000 F
	1 800 000 F

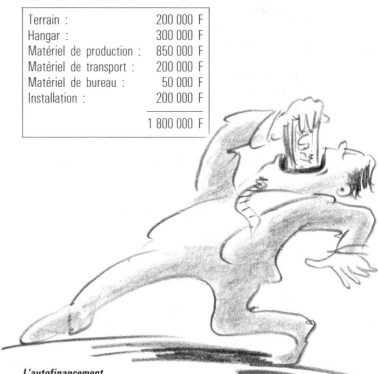

L'autofinancement.

SECTION 3 : FAIRE APPEL AU MARCHE FINANCIER

1. LE PLAN DE FINANCEMENT

Écoutez (ou lisez) la discussion suivante et indiquez le terme qui convient
• **soit en l'inscrivant dans le cadre;**
• **soit en cochant un des termes proposés.**

2. LES SIX REPÈRES DU BOURSICOTEUR

Boursicoteur (n.m.) : personne qui fait de petites opérations à la Bourse.

Si vous voulez gagner de l'argent – ou ne pas trop en perdre –, vous avez intérêt à vous procurer des ACTIONS d'entreprises performantes, en bonne santé économique et financière.
Mais comment se faire une idée de la valeur d'une entreprise ? Il existe plusieurs repères, présentés dans la 1re colonne du tableau ci-dessous. Leurs explications ont été mises en désordre dans la 2e colonne.

A vous d'attribuer chaque explication au critère correspondant.

La scène se passe dans la salle du Conseil d'Administration de PETROCÉAN

– LE PRÉSIDENT : Notre plan de financement est partiellement arrêté : nous pouvons disposer de 2 millions dans nos caisses et notre banquier nous consent un crédit à moyen terme d'1 million ; nous devons encore trouver 1,5 million de francs. Notre directeur financier, qui a étudié la question, nous propose de lancer une émission de valeurs mobilières.

– LE DIRECTEUR FINANCIER : PETROCÉAN est actuellement au capital de 6 000 000 F, divisé en [   ] actions de 100 F. Nous pourrions envisager de porter ce capital à 7 500 000 F en émettant [   ] actions nouvelles, nous procurant ainsi tout l'argent frais qui nous manque, et même au-delà.

– UN ADMINISTRATEUR : Mais ne serait-il pas correct, alors, de réserver aux actionnaires qui sont depuis longtemps associés à notre société le droit de souscrire à cette

☐ *distribution*
☐ *augmentation* } de capital ?
☐ *ponction*

– LE DIRECTEUR FINANCIER : Bien sûr, ce serait non seulement correct, mais légal. Il leur sera proposé de souscrire à [   ] action nouvelle pour [   ] actions anciennes. C'est ce que l'on appelle le [   ] de l'actionnaire.

– UN AUTRE ADMINISTRATEUR : Mais je connais personnellement quelques actionnaires de notre société qui, faute de disponibilités, ne pourront pas souscrire à toutes les actions nouvelles auxquelles ils ont droit. Nous ne pouvons tout de même pas les y contraindre !

– LE PRÉSIDENT : Ils pourront vendre leur  à d'autres actionnaires qui augmenteront ainsi leur participation dans notre capital ou à de nouveaux venus qui élargiront le cercle actuel de nos associés.

– UN ADMINISTRATEUR : Mais cela risque de modifier la répartition du capital entre les actionnaires de notre société et d'amener des changements dans la composition de notre conseil ! Ne serait-il pas moins dangereux de proposer au public de souscrire à un

☐ *régime*
☐ *consensus*
☐ *emprunt* fractionné en un certain nombre d' (de)
   ☐ *actions*
   ☐ *obligations*
   ☐ *mensualités*
auxquelles nous verserions un intérêt annuel ?

– LE DIRECTEUR FINANCIER : Certes, votre proposition est séduisante, mais n'oubliez pas que si l'on émet cet emprunt obligataire, il faudra le rembourser ; cela entraînera pour notre société une charge financière qu'il nous sera difficile de supporter en supplément du remboursement de notre emprunt bancaire.

– LE PRÉSIDENT : Et puis, je ne vois pas pourquoi nous ne ferions pas profiter nos actionnaires du bénéfice de cet investissement dont nous savons tous qu'il sera une très bonne affaire pour PETROCÉAN. Je suis sûr qu'une majorité d'entre eux approuvera cette proposition à la prochaine

☐ *réévaluation du bilan*
☐ *révision comptable*
☐ *Assemblée Générale*

La bourse en 100 questions, Compagnie des Agents de Change.
Avec l'autorisation de la Société des Bourses Françaises.

---

1 - Le chiffre d'affaires.	a - C'est le rapport obtenu en divisant les bénéfices réalisés par les capitaux engagés. Leur chiffre élevé indique que l'entreprise a la capacité de trouver de nombreux capitaux pour financer sa croissance.
2 - Les bénéfices.	b - Cette compétition est utile et nécessaire, puisqu'elle entraîne un certain dynamisme. Mais il faut tenir compte de la compétitivité de l'entreprise dans son secteur.
3 - La rentabilité.	c - Servant à mesurer le volume et l'évolution de l'activité commerciale de l'entreprise, il est le reflet de son importance et de son dynamisme. Veillez à ce qu'il soit en progression régulière et constante.
4 - L'endettement.	d - Pour savoir si l'entreprise est fragile et comporte des risques financiers, il faut calculer son taux. Pour cela il suffit de diviser le montant des dettes à long terme par le montant des capitaux propres. Il vous permet également d'évaluer la plus ou moins grande autonomie de l'entreprise vis-à-vis de ses créanciers.
5 - Les dividendes.	e - Si le résultat final de l'entreprise croît proportionnellement plus vite que son chiffre d'affaires, c'est le signe que l'entreprise s'enrichit et améliore sa rentabilité économique.
6 - La concurrence.	f - Si leur montant augmente régulièrement, c'est un signe, non seulement de vitalité de l'entreprise, mais aussi de la volonté de ses dirigeants de faire participer ses actionnaires au développement.

Science et Vie Économie n° 37, mars 1988. Extrait de « Calculer le rendement d'une action », pp. 92-95.

3. ACTION OU OBLIGATION?

Les grandes sociétés peuvent se procurer des ressources financières en faisant un appel public à l'épargne : pour cela il leur suffit d'émettre de nouvelles actions ou des obligations. Ces deux titres sont négociés sur le marché officiel de la BOURSE DES VALEURS.

Quelles sont les caractéristiques de l'un et de l'autre? Voici les explications données par un spécialiste du marché financier.

L'ACTION	L'OBLIGATION
« C'est un titre de propriété, autrement dit son détenteur, appelé "actionnaire", est propriétaire d'une partie du capital d'une société anonyme. La valeur de cette action varie avec les résultats de l'entreprise. S'ils sont bons, c'est la hausse; s'ils sont mauvais, c'est la baisse. D'autre part, comme vous êtes associé, vous aurez le droit de voter lors de l'assemblée générale des actionnaires et aussi de toucher un dividende. Le dividende est votre part de bénéfice. Là aussi, son montant peut varier, il dépend des résultats plus ou moins bons de la société. C'est pour cela que l'on dit que l'action est une valeur à revenu incertain et variable. »	« Pour l'obligation, c'est différent. Par exemple, une société lance un emprunt de 20 millions de francs qu'elle divise en 200 000 parts (une part = 100 F) et qu'elle s'engage à rembourser dans 15 ans. Vous lui apportez autant de billets de 100 F que vous le désirez et elle, en échange, vous remet des obligations. Cette fois, vous l'obligataire, vous n'êtes qu'un simple créancier de l'entreprise. Et pour vous remercier de votre prêt la société vous versera chaque année des intérêts. A la différence du dividende, vous toucherez toujours la même chose. Et voilà pourquoi on appelle l'obligation une valeur à revenu fixe. »

QUEL CHOIX FAIRE?

« Quant à savoir s'il faut acheter des actions ou des obligations, ça c'est une autre histoire. Le mieux est sans doute de faire un cocktail des deux. De toute façon, il ne faut jamais mettre tous ses œufs dans le même panier. Avec une obligation, il y a moins de risques, mais en général on gagne moins. Avec une action il y a toujours un peu d'aventure mais ça peut rapporter gros... Rappelez-vous le dicton de mon grand-père : « Si vous voulez bien dormir, achetez des obligations, si vous voulez bien manger, achetez des actions. »

ACTION? OBLIGATION? QU'EN PENSEZ-VOUS?

Inscrivez votre réponse dans chaque case selon le code suivant :

A pour action
O pour obligation
A/O pour action et obligation
☒ pour ni l'une ni l'autre

1 - L'émission d'		permet aux entreprises de se procurer des moyens de financement.
2 - L'émission d'une		correspond à une augmentation du capital d'une société.
3 - L'émission d'une		correspond à un emprunt remboursable.
4 - Le détenteur d'une		a un droit de propriété sur le capital de l'entreprise.
5 - Le détenteur d'une		perçoit un revenu annuel.
6 - Le revenu d'une		est normalement fixe et déterminé à l'avance.
7 - Le détenteur d'une		a droit à la qualité d'associé.
8 - Le revenu d'une		est variable.
9 - Le détenteur d'une		a droit à une part du bénéfice réalisé par la société.
10 - Les		peuvent être achetées et vendues sur le marché financier.
11 - La valeur de négociation d'une		peut varier.
12 - Le détenteur d'une		est responsable des dettes de la société sur l'ensemble de ses biens.
13 - Des		peuvent être émises par des collectivités publiques.
14 - Le remboursement d'une		diminue l'endettement de la société.

4. UN PEU D'IMAGINATION

Voici, ci-contre, quelques dictons entendus à la Bourse. Pouvez-vous trouver leur signification?

a - « Il faut vendre au son du violon et acheter au son du canon. »
b - « On ne vend pas à la baisse. »
c - « Pas vendu, pas perdu. »
d - « Les arbres ne montent jamais jusqu'au ciel. »

SECTION 4 : ANALYSER LE BILAN

LE BILAN

C'est un tableau qui donne la composition du patrimoine d'une entreprise à une date déterminée.

La partie gauche du bilan, appelée *ACTIF*, indique les *emplois* que l'entreprise a fait des ressources reçues. Elle décrit l'ensemble des biens que possède l'entreprise à un moment donné.

La partie droite du bilan, appelée *PASSIF*, indique *l'origine* des ressources que l'entreprise a pu se procurer et qui lui ont permis d'acquérir ce qu'elle possède.

Établir un bilan est une obligation légale. Mais c'est également une précieuse source d'information pour la gestion.

BILAN

Ensemble des biens destinés à être utilisés pour une longue période.

Fonds de commerce, brevets...

Terrains, bâtiments, matériel...

Titres de propriété sur d'autres entreprises.

Éléments destinés à être transformés ou à se renouveler rapidement.

Matières premières, produits en cours de fabrication, produits finis.

Ce que doivent à l'entreprise les clients et les autres débiteurs.

Ce que l'entreprise a en caisse ou sur son compte bancaire.

ACTIF Je possède...	PASSIF grâce à...
ACTIF IMMOBILISÉ	*CAPITAUX PROPRES*
• Immobilisations incorporelles	• Capital
• Immobilisations corporelles	• Réserves
• Immobilisations financières	• Résultat de l'exercice
	PROVISIONS pour risques et charges
ACTIF CIRCULANT	*DETTES*
• Stocks	• Dettes financières
• Créances	• Dettes d'exploitation
• Disponibilités	• Dettes diverses

Capitaux appartenant à l'entreprise.

Capitaux ou biens en nature apportés à l'entreprise par le ou les propriétaire(s).

Partie des bénéfices qui n'ont pas été distribués.

Bénéfice ou perte de l'exercice en cours.

Sommes destinées à couvrir des risques et des charges dont la réalisation est incertaine.

Ressources empruntées à des tiers et devant être remboursées dans un délai plus ou moins long.

Emprunts faits auprès des organismes bancaires.

Dettes envers les fournisseurs.

Dettes envers les autres créanciers : l'État...

Par convention, un bilan est toujours présenté de telle sorte que le total de l'actif soit égal au total du passif.

COMPRENDRE LE BILAN

A l'aide du document ci-contre, cherchez à comprendre le bilan et cochez la bonne réponse pour chacune des affirmations suivantes :

1 - On appelle « exercice » :
   a - la période écoulée depuis la création de l'entreprise ;
   b - la date du bilan ;
   c - la période séparant deux inventaires ou deux bilans successifs (généralement 12 mois).

2 - Le bilan indique la situation financière :
   a - du P.-D.G. ;
   b - de l'entreprise ;
   c - des fournisseurs.

3 - L'ensemble des biens et des droits appartenant à une entreprise s'appelle :
   a - le capital ;
   b - les immobilisations ;
   c - l'actif ;
   d - le passif.

4 - L'actif d'une entreprise est constitué :
   a - par les biens immobiliers et les équipements qu'elle possède ;
   b - par tout ce qu'elle possède moins ce qu'elle doit ;
   c - par tout ce qu'elle possède plus ce qu'on lui doit ;
   d - par tout ce qu'on lui doit.

5 - Parmi ces éléments du bilan, lequel n'appartient pas au passif du bilan :
   a - les provisions pour risques ;
   b - le stock des matières premières ;
   c - un emprunt bancaire ;
   d - l'apport des actionnaires.

6 - Lorsqu'une entreprise contracte un emprunt à long terme,
   a - elle augmente ses capitaux propres ;
   b - elle diminue son actif ;
   c - elle augmente ses ressources.

7 - L'achat à crédit d'une machine
   a - augmente le capital et les dettes ;
   b - augmente l'actif et le capital ;
   c - augmente l'actif et les dettes.

8 - Les biens matériels acquis par une entreprise et destinés à produire d'autres biens ou des services sont :
   a - le fonds de commerce ;
   b - le capital ;
   c - les immobilisations corporelles ;
   d - l'actif immobilisé.

9 - Un photocopieur est une immobilisation pour :
   a - un fabricant de photocopieurs ;
   b - un revendeur de photocopieurs ;
   c - les autres entreprises.

10 - On peut financer l'acquisition d'un investissement sans modifier les dettes de l'entreprise,
   a - en sollicitant un crédit du fournisseur ;
   b - en augmentant le capital ;
   c - en empruntant à long terme.

11 - Les bénéfices augmentent toujours :
   a - les stocks ;
   b - les provisions ;
   c - la trésorerie ;
   d - les capitaux propres.

12 - Si les ventes se développent, le bénéfice
   a - augmentera dans la même proportion ;
   b - restera stable ;
   c - doublera ;
   d - augmentera seulement si les marges bénéficiaires restent stables ou augmentent.

13 - Si, dans un bilan, on désigne l'actif par A, les capitaux propres par C, les dettes par D, les provisions par P, peut-on écrire :
   a - $A + D + P = C$?
   b - $A - D - P - C = 0$?
   c - $A + C - P = D$?

14 - Si, dans un bilan, le montant des dettes est de 5 500, celui du stock de 6 000, celui des provisions de 1 500 et celui des capitaux propres de 10 000, le total du passif est de :
   a - 12 000 ;
   b - 20 000 ;
   c - 17 000 ;
   d - 11 000.

SECTION 5 : ANALYSER UN SCHEMA

LA VALEUR AJOUTÉE

Une entreprise met en vente, sur le marché, les produits qu'elle a fabriqués à partir de matières premières et de services achetés à d'autres entreprises. La valeur des produits vendus est évidemment supérieure à celle des biens et services qui ont permis de les fabriquer.

Ce supplément de richesse, créé par l'activité de l'entreprise, est appelé « valeur ajoutée ». C'est une notion intéressante pour évaluer l'importance réelle d'une entreprise.

Le schéma ci-dessous montre comment est calculée la valeur ajoutée et comment elle est partagée.

Valeur ajoutée et autofinancement (Distribution de la valeur ajoutée en 1984)

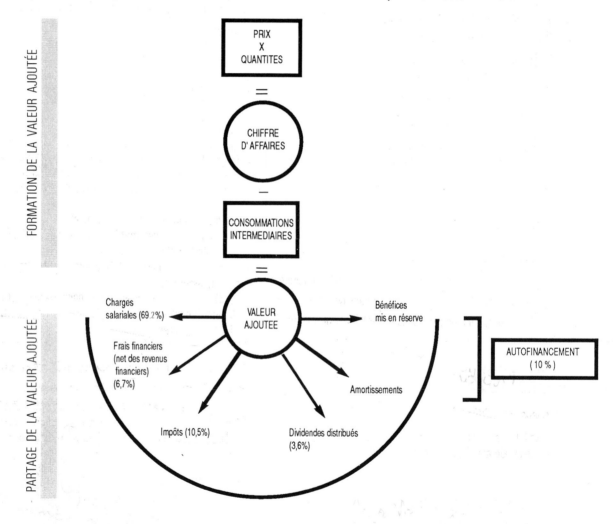

1. COMPRENDRE UN SCHÉMA

Dans le schéma, il est question de prix et de quantités.

1. De quel prix s'agit-il ?

a - ☐ du prix de revient

b - ☐ du prix d'achat

c - ☐ du prix de vente

d - ☐ du prix coûtant

e - ☐ du prix à l'unité

2. De quelles quantités s'agit-il ?

a - ☐ des quantités vendues

b - ☐ des quantités produites

c - ☐ des quantités stockées

d - ☐ des quantités disponibles

2. DÉFINIR

Les termes de la définition du « chiffre d'affaires » ont été mis dans le désordre. Reconstituez cette définition.

effectuées / des ventes / une période / au cours d' / Total / généralement / par une entreprise / une année. / déterminée, /

3. TROUVER LA BONNE RÉPONSE

Voici quelques définitions de la « consommation intermédiaire ». Laquelle est juste ?

a - ☐ Ensemble des dépenses faites pour assurer la distribution des produits de l'entreprise.

b - ☐ Valeur des matières premières et des services (transport, énergie...) qui ont été achetés et consommés par l'entreprise pour fabriquer un produit.

c - ☐ Ensemble des biens et des services utilisés par les intermédiaires que sont les commerçants.

4. PRÉCISER

La valeur ajoutée correspond :

a - ☐ à la valeur des biens achetés par l'entreprise à d'autres firmes;

b - ☐ à la valeur finale de la production de l'entreprise;

c - ☐ à la valeur de la production effective de l'entreprise.

5. CALCULER

Comment obtient-on :

– le chiffre d'affaires ?
– la valeur ajoutée ?

6. « VRAI » OU « FAUX » ?

Inscrivez V pour vrai, F pour faux.

a - ☐ Les charges salariales correspondent aux frais du personnel.

b - ☐ Les charges salariales représentent presque la moitié du montant de la valeur ajoutée.

c - ☐ Les dividendes sont versés aux prêteurs de capitaux.

d - ☐ L'impôt payé par les sociétés dépend du bénéfice réalisé par celles-ci.

e - ☐ Les frais financiers correspondent aux intérêts versés par l'entreprise aux créanciers.

7. RÉPARTIR LA VALEUR AJOUTÉE

a - La valeur ajoutée est répartie entre plusieurs bénéficiaires. Indiquez le nom de chaque bénéficiaire de ce partage.

b - Quels sont les emplois de la part de la valeur ajoutée qui n'est pas distribuée aux apporteurs du travail et du capital ?

c - Complétez le texte suivant en vous aidant du schéma sur la répartition de la valeur ajoutée.

La valeur ajoutée rémunère les facteurs de production.
Elle permet :
1. d'assurer le développement et la modernisation de l'entreprise (locaux, machines, ...) grâce aux bénéfices réinvestis.

A vous !

8. ÉVALUER

L'entreprise TOUTENBOIS, spécialisée dans la fabrication de tables de salon, arrive à la fin de sa première année de fonctionnement. Ses propriétaires ont investi 1 000 000 F dont 500 000 F pour le matériel et l'outillage. Elle a réussi à vendre 1 600 tables à 500 F l'unité.
Pour assurer cette production, elle a
– consommé des matières premières pour 300 000 F
– réglé 200 000 F de salaires
– dépensé 50 000 F pour divers services (transport, énergie, assurance).
Elle prévoit le remplacement, dans dix ans, de la totalité du matériel et de l'outillage. Elle doit donc mettre de côté la somme correspondante.

Après avoir pris connaissance de la situation de l'entreprise TOUTENBOIS, indiquez :

a - Quel est le chiffre d'affaires de TOUTENBOIS ?
b - Quelle est la valeur ajoutée par l'entreprise ?
c - Quel est le montant du bénéfice réalisé ?

SITUER L'ENTREPRISE DANS SON ENVIRONNEMENT

SECTION 1 : CONNAITRE SES PARTENAIRES
ET CARACTERISER LE SYSTEME ECONOMIQUE

1. LES PARTENAIRES DE L'ENTREPRISE

1. COMPLÉTER LE SCHÉMA.

a - Indiquez dans le rectangle le nom du partenaire avec lequel l'entreprise a des échanges.
Puis, sur la seconde flèche, l'élément apporté par chaque partenaire à l'entreprise.

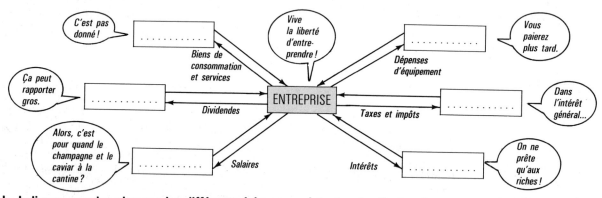

b - Indiquez, par des phrases, les différents échanges existant entre l'entreprise et ses partenaires.

Exemple : les fournisseurs vendent des biens d'équipement et des services à l'entreprise.
A vous !...

2. LES ATTENTES DES PARTENAIRES.

Les partenaires de l'entreprise peuvent avoir des aspirations et des intérêts différents.

PARTENAIRES

| LES DIRIGEANTS | LA CLIENTÈLE | LES BANQUES | LES SYNDICATS | LES POUVOIRS PUBLICS |
| LA COLLECTIVITÉ | LES SALARIÉS | LES FOURNISSEURS | LES ACTIONNAIRES | |

a - A vous d'attribuer chaque aspiration au(x) partenaire(s) qui convient (conviennent).

1 - Dividendes et plus-values plus élevés.	9 - Augmentation de salaire.	17 - Droit à la formation professionnelle.
2 - Accroissement des prélèvements fiscaux.	10 - Maintien des équilibres économiques.	18 - Création de nouveaux emplois.
3 - Régularité des paiements.	11 - Participation au pouvoir, aux décisions.	19 - Augmentation du prix des matières
4 - Protection et sauvegarde du milieu naturel.	12 - Sécurité de l'emploi.	premières et des biens d'équipement.
5 - Renouvellement des commandes.	13 - Sauvegarde des capitaux engagés.	20 - Meilleure information sur les produits.
6 - Amélioration des conditions de travail.	14 - Maintien du niveau de l'emploi dans le pays.	21 - Respect de la législation.
7 - Obtention d'intérêts élevés pour les crédits accordés.	15 - Baisse ou stabilité des prix de vente des produits et services.	22 - Meilleure adaptation des produits aux besoins des consommateurs.
8 - Amélioration de la qualité des produits.	16 - Paix sociale.	23 - Augmentation des profits distribués.

b - Existe-t-il des aspirations qui entrent en opposition ? Si oui, lesquelles ?

2. LES CARACTÉRISTIQUES DES DEUX PRINCIPAUX SYSTÈMES ÉCONOMIQUES

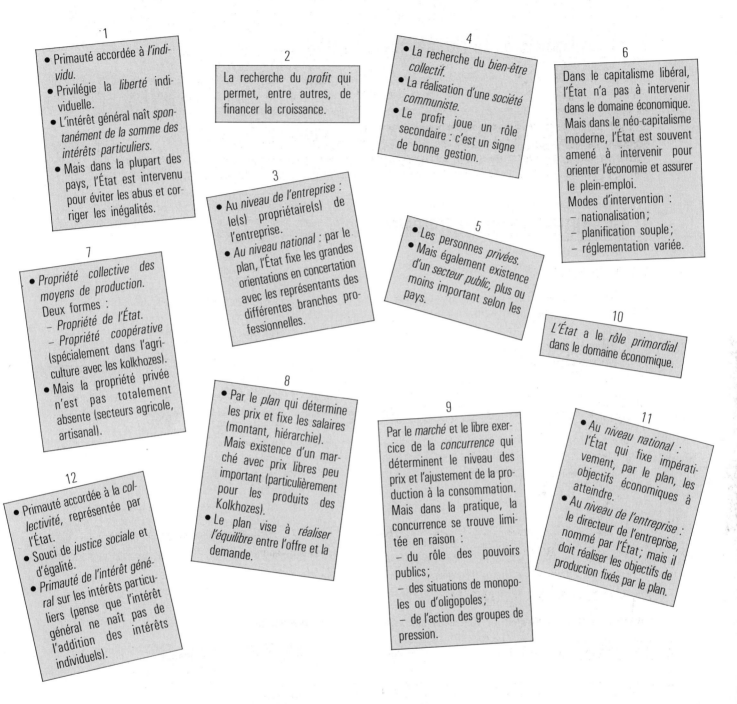

1
- Primauté accordée à *l'individu*.
- Privilégie la *liberté* individuelle.
- L'intérêt général naît *spontanément de la somme des intérêts particuliers*.
- Mais dans la plupart des pays, l'État est intervenu pour éviter les abus et corriger les inégalités.

2
La recherche du *profit* qui permet, entre autres, de financer la croissance.

3
- Au niveau de l'entreprise : le(s) *propriétaire(s)* de l'entreprise.
- Au niveau national : par le *plan*, l'État fixe les grandes orientations en concertation avec les représentants des différentes branches professionnelles.

4
- La recherche du *bien-être collectif*.
- La réalisation d'une *société communiste*.
- Le profit joue un rôle secondaire : c'est un signe de bonne gestion.

5
- Les *personnes privées*.
- Mais également existence d'un *secteur public*, plus ou moins important selon les pays.

6
Dans le capitalisme libéral, l'État n'a pas à intervenir dans le domaine économique. Mais dans le néo-capitalisme moderne, l'État est souvent amené à intervenir pour orienter l'économie et assurer le plein-emploi.
Modes d'intervention :
- nationalisation;
- planification souple;
- réglementation variée.

7
- *Propriété collective* des moyens de production.
  Deux formes :
  - Propriété de l'État.
  - Propriété *coopérative* (spécialement dans l'agriculture avec les kolkhozes).
- Mais la propriété privée n'est pas totalement absente (secteurs agricole, artisanal).

8
- Par le *plan* qui détermine les prix et fixe les salaires (montant, hiérarchie). Mais existence d'un marché avec prix libres peu important (particulièrement pour les produits des Kolkhozes).
- Le plan vise à *réaliser l'équilibre* entre l'offre et la demande.

9
Par le *marché* et le libre exercice de la *concurrence* qui déterminent le niveau des prix et l'ajustement de la production à la consommation. Mais dans la pratique, la concurrence se trouve limitée en raison :
- du rôle des pouvoirs publics;
- des situations de monopoles ou d'oligopoles;
- de l'action des groupes de pression.

10
L'État a le *rôle primordial* dans le domaine économique.

11
- Au niveau national : l'État qui fixe impérativement, par le *plan*, les objectifs économiques à atteindre.
- Au niveau de l'entreprise : le directeur de l'entreprise, nommé par l'État; mais il doit réaliser les objectifs de production fixés par le plan.

12
- Primauté accordée à la collectivité, représentée par l'État.
- Souci de justice sociale et d'égalité.
- Primauté de l'intérêt général sur les intérêts particuliers (pense que l'intérêt général ne naît pas de l'addition des intérêts individuels).

Attribuez à chaque système économique les caractéristiques présentées ci-dessus.

CARACTÉRISTIQUES SYSTÈMES ÉCONOMIQUES	QUELS SONT LES FONDEMENTS IDÉOLOGIQUES ?	QUEL EST LE MOTEUR DE L'ACTIVITÉ ÉCONOMIQUE ?	QUEL EST LE RÔLE DE L'ÉTAT ?	QUI EST PROPRIÉTAIRE DES BIENS DE PRODUCTION ?	QUI PREND LES DÉCISIONS ÉCONOMIQUES ?	COMMENT SE FIXENT LES PRIX ET LES SALAIRES ?
CAPITALISME d'aujourd'hui des pays européens						
SOCIALISME soviétique actuel						

SECTION 2 : CROITRE ET DISPARAITRE

1. LA CROISSANCE DE LA FROMAGERIE NORMANDE

M. Bérard dirige à Pont-Lévêque *La Fromagerie Normande S.A.*, entreprise prospère qui emploie actuellement une quarantaine de personnes. Le marché du fromage est très demandeur de ses produits de qualité, aussi le chef d'entreprise se pose-t-il le problème d'agrandir son entreprise. Il décide d'étudier les différentes opportunités de croissance et charge un cabinet d'études de lui proposer des projets de développement.

> **Le potentiel actuel de l'entreprise est le suivant :**
> – une fromagerie dont les bâtiments sont occupés à 80 % ;
> – 40 salariés dont :
>   – une secrétaire de direction ;
>   – un comptable et un aide-comptable ;
>   – 2 vendeurs salariés ;
>   – 5 chauffeurs dont 4 affectés au ramassage du lait et un à la livraison ;
>   – 30 ouvriers de production ;
> – 2 ensembles de machines ;
> – la production journalière est de 2 000 fromages.

Projet n° 1 :

Acquérir un nouvel ensemble de machines qui portera la production journalière à 3 000 fromages. Il faudra embaucher 3 chauffeurs (en affecter 2 au ramassage et un à la livraison), un vendeur et 15 ouvriers. Les bâtiments seront alors occupés à 100 %.

Projet n° 2 :

Doubler la superficie des bâtiments actuels et acquérir 4 ensembles de fabrication en provenance de Suède. Chacun d'eux emploie 12 ouvriers et permet de produire quotidiennement 2 000 fromages. Il faudra développer le ramassage du lait et embaucher 4 chauffeurs qui devront alors collecter le lait non plus au moyen de cruches mais de citernes.

Pour assurer les ventes, il faudra employer 6 vendeurs supplémentaires et 4 livreurs. Il convient enfin d'étoffer l'équipe dirigeante : il faudra embaucher 3 personnes pour le service de la direction : 1 secrétaire de direction, 1 chef comptable et 1 chef des ventes.

Projet n° 3 :

Il est proposé d'acquérir *La Fromagerie du Camembert Fermier* de Cormeilles qui connaît actuellement des difficultés.

> Le potentiel de cette entreprise est le suivant :
> – une fromagerie dont les bâtiments sont occupés à 60 % ;
> – 30 salariés dont :
>   – une secrétaire de direction ;
>   – un comptable ;
>   – un vendeur salarié ;
>   – 3 chauffeurs dont deux affectés au ramassage et un à la livraison ;
>   – 24 ouvriers de production ;
> – un ensemble de machines.
> La production journalière est de 1 000 fromages.

Cette fromagerie sera réorganisée selon des normes plus performantes :
– le comptable deviendra directeur de la nouvelle unité ;
– le vendeur salarié sera intégré à l'équipe existante ;
– les 3 chauffeurs seront affectés au ramassage par citernes ;
– les 24 ouvriers de production seront affectés à deux ensembles de fabrication en provenance de Suède ;
– les bâtiments seront rénovés et les réserves organisées afin de pouvoir accueillir ces nouveaux ensembles et permettre le stockage du lait et des fromages. Ils seront alors utilisés à 80 %.

Le financement de ces trois projets est possible à obtenir dans des conditions similaires de coût.

DESQUEUX (Y.), DUPUY (Y.), *Économie d'entreprise, Documents et travaux pratiques*, Nathan technique.

1. COMPARER.

Complétez le tableau suivant afin de faciliter la comparaison des 3 projets :

	% d'occupation des locaux	Production journalière	Matériel de production	Personnel de production	Nombre de chauffeurs	Personnel de vente	Personnel administratif
Situation actuelle							
Projet 1							
Projet 2							
Projet 3							

2. ÉVALUER.

a - Quel est le projet qui permettra d'améliorer le plus le rendement des hommes, des matériels et des locaux et donc de faire faire à l'entreprise des économies en abaissant les coûts de production ?

b - Quels en seront les effets sur le plan de l'organisation de l'entreprise (effectifs, méthodes de travail...) ?

c - Finalement, quelles propositions allez-vous faire à M. Bérard ?

2. POURQUOI LES ENTREPRISES DISPARAISSENT-ELLES?

1. APPRÉCIER.

Parmi les facteurs suivants de mortalité des entreprises, quels sont ceux qui, à votre avis, interviennent le plus souvent? Cochez la bonne réponse.

	rarement	parfois	assez souvent	souvent	
1 - Le manque de fonds propres.					6 - La pression fiscale.
2 - L'évolution du marché.					7 - Les conflits sociaux.
3 - Le coût de l'argent.					8 - Les désaccords entre associés.
4 - Les droits de succession.					9 - L'incompétence des dirigeants.
5 - L'absence de successeurs.					10 - Le retard technologique.

2. COMPARER.

Comparez votre choix avec un autre membre du groupe et défendez votre point de vue en cas de désaccord.

3. PRENDRE LA PAROLE.

Vous êtes chargé(e) de préparer un bref exposé dans lequel vous expliquerez les causes qui entraînent la disparition des entreprises.

3. MORT D'UNE ENTREPRISE

1 - Faites le portrait de l'entreprise dont il est question dans l'article ci-dessous :
- date de création :
- activité :
- lieu d'implantation :
- effectif :
- forme juridique :

2 - Quel a été le nombre d'emplois supprimés en 5 ans?

3 - Quelles sont les raisons qui expliquent sa disparition?

4 - Par qui, où, quand et comment a été pris son « arrêt de mort? »

POUR EXPRIMER LA CAUSE

Certaines entreprises { meurent / disparaissent / font faillite } { *par suite* / *en raison* / *à cause* } { du manque de fonds propres. }

Certaines entreprises meurent { *parce qu'* / *étant donné qu'* / *car* } { elles manquent de fonds propres. }

Comme elles manquent de fonds propres, certaines entreprises disparaissent.

La disparition des entreprises { *est due au* / *provient du* / *résulte du* / *est causée par le* / *est provoquée par le* / *a pour cause le* / *s'explique par le* } { manque de fonds propres. }

4. ÉVITER LA FAILLITE

Imaginez que vous êtes le directeur d'une entreprise qui emploie une cinquantaine de personnes. Celle-ci connaît de graves difficultés financières et vous envisagez, pour assainir la situation, de licencier le tiers du personnel. Vous réunissez l'ensemble des employés et vous leur expliquez la situation. Préparez l'exposé en petits groupes.

Quelques idées pour vous aider :
- perte du plus gros client;
- difficultés dues à la conjoncture;
- impossibilité d'obtenir des crédits;
- sérieuses difficultés financières;
- obligation de licencier;
- possibilité de mise en pré-retraite;
- faillite évitée.

Mort d'une SCOP

Les ouvriers réunis du bâtiment (ORB) disparaissent. Le tribunal de commerce d'Angers, qui a reçu mercredi matin 15 novembre le dépôt de bilan, a prononcé l'après-midi même la liquidation des biens de cette SCOP (Société coopérative ouvrière de production) née à Cholet (Maine-et-Loire) il y a trente-quatre ans. La justice est pour une fois expéditive.

La perte cumulée à fin 1983 était de 3 millions de francs pour un chiffre d'affaires de 36 millions. Le carnet de commandes peut assurer cinq mois d'activité, mais le chiffre d'affaires depuis le début de l'année représente la moitié de ce que l'on espérait.

La situation s'était dégradée depuis plusieurs années, avec la crise nationale du bâtiment, qui a conduit au rachat par de grands groupes de plusieurs PME de la région. Il y a cinq ans, l'ORB employait deux cent cinquante personnes.

Aujourd'hui, ils sont cent soixante, dont quatre-vingts coopérateurs. Il y a parmi les salariés une quarantaine de travailleurs immigrés.

Le drame de l'ORB, c'est celui de bien des PME du bâtiment : la structure d'une grande entreprise régionale (avec une usine de préfabrication) et une lourdeur administrative héritée des années d'euphorie, sans que de solides réserves permettent de résister à la tourmente.

J.D.

Le Monde, 20.11.1984.

SECTION 3 : S'ADAPTER A L'EVOLUTION

1. FAIRE LE BON CHOIX

Une entreprise établie aux abords immédiats d'une grande ville a du mal à trouver de la main-d'œuvre et la paie cher. Elle envisage, pour résoudre son problème, d'adopter l'une des solutions suivantes :

a - Acheter du matériel qui permette d'accélérer le travail et de diminuer le nombre des ouvriers.

b - Embaucher des ouvriers étrangers, moins exigeants pour leur rémunération que les ouvriers français.

c - Installer ses usines, progressivement, dans des régions non industrialisées où la main-d'œuvre est moins payée qu'en ville.

d - Installer certaines de ses usines dans un pays étranger où la main-d'œuvre est moins payée et les charges sociales moins lourdes qu'en France.

1. APPRÉCIER.

Laquelle de ces quatre solutions vous semble la meilleure et laquelle vous semble la plus mauvaise?

2. DÉTERMINER LES CONSÉQUENCES.

Chacune de ces solutions peut avoir des conséquences :
– *pour l'entreprise;*
– *pour les salariés.*

a - **Discutez-en entre vous et organisez un débat en exposant les raisons de vos choix et en échangeant vos arguments.**

b - **L'encadré suivant donne quelques-unes des conséquences possibles.**

CONSÉQUENCES POSSIBLES

1 - Diminution des charges salariales.
2 - Diminution du nombre des emplois.
3 - Conditions de vie pénibles pour la main-d'œuvre immigrée.
4 - Diminution du nombre des emplois dans le pays.
5 - Nécessité d'adapter la main-d'œuvre étrangère au travail.
6 - Le nombre des emplois reste le même, mais ce sont les immigrés qui les occupent.
7 - Modification des conditions de travail pour ceux qui gardent leur emploi.
8 - Nécessité, pour le personnel licencié, de retrouver un emploi.

9 - Réorganisation nécessitée par la nouvelle implantation.
10 - Réorganisation partielle de la production.
11 - Importants investissements immobiliers (terrains, bâtiments).
12 - Éventuellement, augmentation des frais de transport des matières premières, et/ou des produits finis.
13 - Déplacement plus ou moins bien accepté de certains salariés (cadres en particulier) vers la province.
14 - Augmentation des investissements en matériel.
15 - Éventuellement, risques politiques.
16 - Adaptation à une législation et à un milieu étrangers.

D'après F. BERHO, M.-L. BORDENAVE, *Initiation à l'économie générale*, Nathan 1978.

Complétez le tableau ci-dessous :
- **à l'aide de ces données (certaines peuvent être répétées).**
- **à l'aide des données que vous aurez trouvées seul ou collectivement au cours de la discussion.**

CHOIX / CONSÉQUENCES	SOLUTION A ACHAT DE BIENS D'ÉQUIPEMENT	SOLUTION B ENGAGEMENT DE TRAVAILLEURS ÉTRANGERS	SOLUTION C DÉCENTRALISATION	SOLUTION D IMPLANTATION A L'ÉTRANGER
POUR L'ENTREPRISE				
POUR LES SALARIÉS				

3. A VOUS DE LES TROUVER.

Chacune de ces solutions peut également avoir des conséquences pour le groupe social, l'environnement et l'économie du pays. Lesquelles?

2. 10 COURANTS PORTEURS POUR LES CRÉATEURS DES ANNÉES 90

AVANT DE CHOISIR VOTRE CRÉNEAU, REGARDEZ AUTOUR DE VOUS. LE MONDE EST EN PLEIN BOULEVERSEMENT.

1. Plus vieux.

2. Plus sain.

3. Plus sûr.

4. Plus loin.

5. Plus vite.

6. Plus individuel.

7. Plus proche.

8. Plus « communicant ».

9. Plus fidèle.

10. Plus souple.

Vous voulez créer une entreprise ou tout simplement changer l'orientation des activités de votre entreprise actuelle. Mais quel créneau choisir ?

Pour vous aider à faire votre choix, voici, présentés par le magazine L'Entreprise, *les dix courants porteurs, c'est-à-dire les tendances, les évolutions de la société consommatrice pour les années 90.*

1 - Les textes et les titres de ces dix courants porteurs ont été mélangés. A vous de les faire correspondre.

2 - Que pensez-vous de cette évolution ? Croyez-vous qu'elle sera la même dans votre pays ?

3 - Le droit au délire.
Pour vous distraire, faites des prévisions pour les années à venir. Des plus sérieuses aux plus invraisemblables !

Exemple : l'an 2000 verra l'implantation de la première entreprise sur la lune.
A vous !...

A - Le tout nouveau jus de fruits Banga (léger, bien sûr) se décline en deux versions, orange et exotique ; la récente crème (allégée) de Danone se présente en chocolat ou en « fruits du soleil » ; les dernières salades industrielles sont assaisonnées à la sauce thaïlandaise ou indienne. Les amuse-gueules exotiques font un tabac. « Et le cocktail que je vends le mieux, remarque Patrick Derderian, patron d'un ensemble de restaurants à Paris (Amanguier, Framboisier), est un mélange de fruits exotiques. »

B - Mot d'ordre : « relier », les hommes, mais aussi les ordinateurs, les automates et les téléphones. Plus 6 % de croissance par an pour la (télé) communication, prévoit le Bipe * dans ses projections à l'horizon 2010. Du téléphone jusqu'à la publicité, la communication reste un créneau champignon.

C - « Prêt-à-porter », « prêt-à-l'emploi » ou « prêt-à-déguster », le client, plus que jamais, veut du « clés en main ». Aux cuisines, vivent le four à micro-ondes, les œufs durs épluchés, le lapin-minute et autres plats express.

D - Dix millions de personnes de plus de 60 ans aujourd'hui, 12 millions en l'an 2000 et 15 millions en 2020, la France, comme ses voisins, prend un coup de vieux. Dans une étude récente, le cabinet Marketing Office a détaillé les marchés de prédilection de cette population vieillissante : l'hygiène, la sécurité, la lecture, les loisirs itinérants (89 % des personnes de plus de 60 ans prennent des vacances hors de chez elles et 61 % partent cinq semaines ou plus). Le marché est non seulement en progression, mais riche.

E - Les ventes de baladeurs (walkmans) ont encore progressé de 30 % en 1987. C'est l'heure des portions individuelles dans le chocolat ou les plats cuisinés, et des vacances solitaires lancées par le Club Méditerranée... Les ménages « à un » (une seule personne) représentent près du quart de la population française. C'est, selon le Bipe, l'un des groupes démographiques qui connaît la plus forte croissance.

F - Première préoccupation des propriétaires d'une maison (devant toutes les autres astuces de la domotique), le souci de sécurité, qui s'exprime dans la forte demande pour les systèmes d'alarme et les sociétés de gardiennage. Mais plus que l'insécurité, le client des années quatre vingt dix ne supporte plus l'incertitude.

G - Plutôt que de dépenser de l'argent à chercher de nouveaux clients, fidélisons les nôtres et vendons-leur toujours plus : les entreprises commencent à comprendre cette ficelle qui fait le succès des as de la VPC. Et comment mieux fidéliser qu'en vendant, en amont, en aval, partout, du *service ?* Avec le paquet de farine, la recette. Avec la planche à voile, le cours. Avec le restaurant, la boutique de plats à emporter.

H - La France qui vieillit dépense plus d'argent pour sa santé. Le journal *Santé Magazine*, créé en 1976, affichait pour l'an dernier une progression de 26 % de sa diffusion. Un signe parmi d'autres. Mais si, il y a quelques années, le fanatique de la forme cherchait le régime et la restriction, il préfère aujourd'hui l'équilibre et la compensation.

I - Les services aux particuliers ont le vent en poupe : les ménages devraient y consacrer 8,5 % de leur budget en 2010, dit le Bipe, contre 6,7 % aujourd'hui.

J - Dans les entreprises, la tendance se poursuit au recentrage sur le métier principal et à la sous-traitance des tâches annexes. Grands bénéficiaires de ce mouvement : les consultants (10 % de croissance en 1987), les loueurs de vêtements de travail (+ 5 %)... et les autres services aux entreprises (+ 11 % en 1987).

* Bureau d'Information et des Prévisions Économiques.

L'Entreprise, n° 35 - juin 1988.

SECTION 4 : CONNAITRE LA SITUATION ECONOMIQUE

ARGUMENTER

Écoutez (ou lisez) cette interview.

Une journaliste interviewe un responsable politique dont le parti est au pouvoir.

La journaliste :

« Les responsables politiques de l'opposition affirment que la situation économique est désastreuse. Que répondez-vous à cette critique ? »

Le responsable politique :

« Oui, bien sûr, ils nous disent, ils nous répètent sans arrêt, ils veulent nous faire croire que l'économie du pays est en déclin. Mais c'est faux, absolument faux. La politique économique, actuellement menée par le gouvernement, est bonne. Nos concitoyens doivent savoir que nous sommes sur la voie du redressement.

Considérons tout d'abord l'évolution des prix. Aujourd'hui l'inflation se trouve jugulée[1] pour atteindre moins de 3 % en un an, alors qu'il y a encore quelques années, elle dépassait 10 %. Il en est de même de la monnaie. Quand l'opposition était au pouvoir, le pays a connu quatre dévaluations[2] en cinq ans. Or tout le monde sait que depuis notre arrivée, la monnaie nationale est redevenue forte et se maintient très bien face aux autres monnaies.

Un autre exemple est celui de l'investissement des entreprises. Il ne faut pas oublier qu'avant notre retour au pouvoir, les entreprises étaient écrasées par les charges sociales et ne pouvaient plus investir. Cette année, elles recommencent à se moderniser et ont consacré 25 % de leur bénéfice net à l'investissement.

Enfin prenons les chiffres du chômage. Il suffit de rappeler qu'ils ont connu une progression considérable sous l'opposition. Or aujourd'hui, le nombre des chômeurs n'augmente plus et 30 000 emplois viennent d'être créés dans le secteur des services. »

1. *juguler :* v. arrêter, stopper.

2. *dévaluation :* n.f., abaissement volontaire de la valeur d'une monnaie nationale par rapport aux monnaies étrangères.

1. UN PEU DE LOGIQUE

Un texte argumentatif cherche à démontrer l'exactitude d'une idée, d'une théorie. Il vise à convaincre. Il est donc généralement ordonné et son plan adopte un ordre logique du raisonnement : **l'idée générale** *est appuyée par des idées-forces, des* **arguments** *qui eux-mêmes sont soutenus par des* **preuves***, c'est-à-dire des faits précis.*

Complétez le schéma suivant en retrouvant dans l'interview précédent les éléments de l'argumentation du responsable politique.

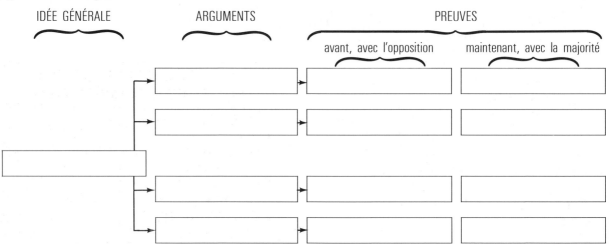

IDÉE GÉNÉRALE — ARGUMENTS — PREUVES

avant, avec l'opposition — maintenant, avec la majorité

2. ILS EXAGÈRENT !

Un journaliste vous interroge sur les situations suivantes :

1. « *La civilisation industrielle pose de graves problèmes et les travailleurs d'aujourd'hui en particulier semblent peu motivés et peu satisfaits par leur travail. Beaucoup regrettent le temps passé où le travail se faisait à un rythme humain. Qu'en pensez-vous ?* »

Vous répondez en suivant le schéma de l'argumentation donné p. 102. Vous pouvez apporter des idées personnelles ou utiliser celles présentées ci-dessous :

IDÉE GÉNÉRALE	ARGUMENTS	PREUVES
Le travailleur d'aujourd'hui est plus favorisé que le travailleur d'autrefois.	meilleur niveau de vie	Le salaire est de 10 à 15 fois supérieur.
	durée du travail moins longue	en 1910 : 60 h/semaine aujourd'hui : 39 h/semaine
	meilleures conditions de travail	Les usines sont propres, moins bruyantes, moins dangereuses qu'autrefois.
	plus de temps libre et de loisirs	Les salariés ont aujourd'hui 5 semaines de congés payés.

2. « *Beaucoup pensent que le consommateur du monde moderne se trouve confronté à des contraintes de plus en plus difficiles à surmonter : repas mal équilibrés et pris à la va-vite, nourriture trop riche, nécessité de faire des régimes, alimentation artificielle et sans goût véritable.* »
Partagez-vous ce point de vue ?

3. « **Est-il vrai de dire que l'automobile est le mal du XXe siècle ?** »

4. « **Êtes-vous d'accord pour dire qu'en affaires, il n'y a pas de morale, que tous les coups sont permis ?** »

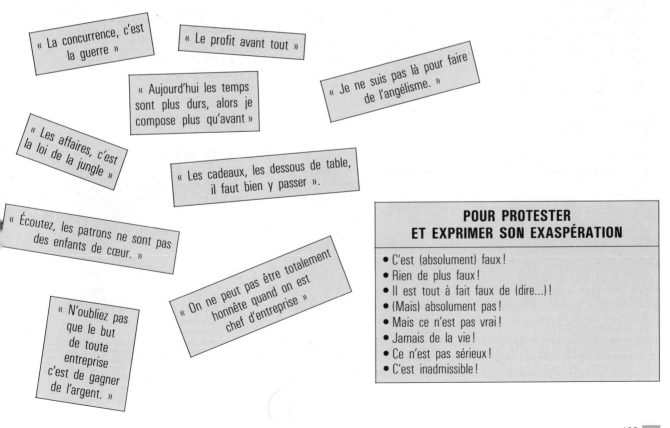

« La concurrence, c'est la guerre »

« Le profit avant tout »

« Je ne suis pas là pour faire de l'angélisme. »

« Aujourd'hui les temps sont plus durs, alors je compose plus qu'avant »

« Les affaires, c'est la loi de la jungle »

« Les cadeaux, les dessous de table, il faut bien y passer ».

« Écoutez, les patrons ne sont pas des enfants de cœur. »

« On ne peut pas être totalement honnête quand on est chef d'entreprise »

« N'oubliez pas que le but de toute entreprise c'est de gagner de l'argent. »

POUR PROTESTER ET EXPRIMER SON EXASPÉRATION

- C'est (absolument) faux !
- Rien de plus faux !
- Il est tout à fait faux de (dire...) !
- (Mais) absolument pas !
- Mais ce n'est pas vrai !
- Jamais de la vie !
- Ce n'est pas sérieux !
- C'est inadmissible !

Pour enrayer le chômage moi, je...

Que pensent-ils du chômage et, surtout, comment s'en débarrasser ? Chaque membre du personnel de l'usine Crépin-Petit, près d'Amiens, possède, comme tous les Français, une réponse évidente et limpide à ces deux questions.

Enquête et photos Annie Assouline

Berneville, près d'Amiens, au centre du village. Au départ la société Crépin-Petit fabriquait des boutons de nacre. Puis l'arrivée du plastique a sonné « la fin du Pérou ». L'usine s'est alors mise à produire des boutons de matière plastique recouverts de métal. Et depuis 1975, elle s'est

diversifiée : bouchons de parfums, robinetterie...

L'entreprise n'emploie pas d'immigrés. En 1983, elle a subi une forte baisse d'activité et a dû licencier neuf personnes, pour la première fois depuis cent dix ans.

1) Daniel Crepin-Petit, 44 ans, PDG

« Pour enrayer le chômage et s'adapter à la crise, il faut laisser les entreprises libres d'embaucher, mais aussi de débaucher. La souplesse et la mobilité sont les moyens essentiels qui permettront la création d'emplois. »

2) Paul Vincent, 46 ans, directeur général

« Eduquer les gens : leur expliquer que dans la vie il n'y a pas d'acquis. Pour eux, ici, c'était acquis : leurs enfants viendraient à l'usine. Et ils sont attachés à leur maison, comme si c'était leur terre. Et puis les former : d'abord lire et écrire. Sur ce sujet, Chevènement a raison. »

3) Michel Routier 33 ans, responsable de production

« Si demain j'étais au chômage, par n'importe quel moyen, je retrouverais du boulot. Il faut que les gens acceptent la mobilité, soient disponibles : une grande majorité n'essaie pas d'évoluer. Le chômage, pour moi, on l'accepte ou on ne l'accepte pas... »

4) Benedith Fernet, 35 ans, secrétaire

« Il y a un peu trop d'étrangers. Tout le monde n'est peut-être pas à renvoyer, mais il y a quelque chose à faire de ce côté. Et puis aussi donner un salaire à la mère au foyer : le mari devrait alors gagner plus. »

5) Gérard Bray, 37 ans, responsable d'atelier

« Evidemment la solution passe par l'implantation d'usines. Si la retraite à soixante ans était bien appliquée, on pourrait faire place aux jeunes. Sans compter une plus grande souplesse des horaires, des facilités pour le mi-temps... »

6) Benoît Leveque, 19 ans, régleur (contrat de six mois)

« Le chômage, il y en aura toujours. Il faudrait arrêter les machines modernes, tout ce qui passe à l'automatique. Ici deux nouvelles machines remplacent cinq hommes. Et puis les femmes devraient moins travailler, surtout si leur mari a un bon emploi. »

7) Nadine Bray, 34 ans, teinturière

« Il faudrait moins de femmes sur le marché du travail, surtout si elles ont des enfants. Et les hommes pourraient gagner plus. Et puis augmenter les qualifications : même dans les petites entreprises, aujourd'hui on demande plus de qualification. »

L'Événement du Jeudi, du 9 au 15 mai 1985.

1. QUELLE EST LA SOLUTION?

Parmi les mesures de lutte contre le chômage énumérées dans le tableau ci-dessous, indiquez celles qui sont citées par les membres du personnel de l'usine CREPIN-PETIT. (Chaque personne est signalée dans le tableau par son numéro de présentation p. 104)

Mesures / Personnel	1	2	3	4	5	6	7
1 - Abaisser l'âge de la retraite.							
2 - Faciliter le travail à temps partiel.							
3 - Inciter à acheter les produits nationaux.							
4 - Encourager les investissements.							
5 - Embaucher plus de fonctionnaires.							
6 - Relancer la croissance économique.							
7 - Subventionner les entreprises qui créent des emplois.							
8 - Allonger la durée des congés.							
9 - Inciter financièrement les mères de famille à rester au foyer.							
10 - Allonger la durée du service militaire.							
11 - Faciliter les stages de formation continue.							
12 - Interdire aux retraités d'avoir un emploi rémunéré.							
13 - Faciliter la mobilité des travailleurs.							
14 - Encourager le recyclage des travailleurs.							
15 - Renvoyer les travailleurs étrangers.							
16 - Allonger la durée de la scolarité.							
17 - Faire varier les salaires avec les résultats de l'entreprise.							
18 - Réduire la durée hebdomadaire du travail.							
19 - Développer les actions de formation en faveur des jeunes.							
20 - Moderniser les entreprises.							
21 - Ne pas automatiser.							
22 - Améliorer et faciliter l'apprentissage.							
23 - Réduire les charges sociales des entreprises.							
24 - Stopper l'immigration.							
25 - Arrêter les importations.							

2. QUEL EST L'OBJECTIF?

Parmi les 25 mesures énumérées ci-dessus, relevez celles qui permettent de :

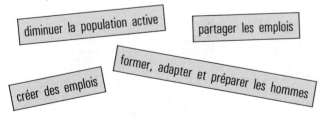

diminuer la population active

partager les emplois

former, adapter et préparer les hommes

créer des emplois

3. LESQUELLES CHOISIRIEZ-VOUS?

Quelles sont les 5 mesures que vous appliqueriez en priorité pour lutter contre le chômage dans votre pays ?
a - **Numérotez de 1 à 5 les mesures que vous estimez les plus importantes.**
b - **Comparez à deux ou à plusieurs vos choix, et discutez-les.**

4. QUELS SONT LES INCONVÉNIENTS?

Ces mesures peuvent aussi avoir, dans certains cas, des effets négatifs sur l'économie de votre pays.

Indiquez 3 mesures qui paraissent dangereuses et dites pourquoi.

POUR EXPRIMER LA RELATION CAUSE-EFFET		
• L'abaissement de l'âge de la retraite	*entraîne* *provoque* *permet* *est à l'origine de* *a pour effet* *a pour conséquence*	la diminution de la population active
	a des effets *a une incidence* *sur* *a des répercussions*	

• *Si* on abaisse l'âge de la retraite, la population active diminue.

• *En abaissant* l'âge de la retraite, on diminue la population active.

SECTION 6 : LUTTER CONTRE L'INFLATION

1. RECHERCHONS LE COUPABLE

1. QUI DIT QUOI ?

Écoutez (ou lisez) les déclarations suivantes faites au café du Commerce. Indiquez, en mettant la lettre correspondante dans le tableau ci-dessous, si l'auteur vous semble être :

– A : un représentant de l'État,
– E : un entrepreneur (ou un producteur),
– C : un consommateur (ou un salarié),
– S : un syndicaliste.

2. IL N'Y A QU'À...

Les braves gens du café du Commerce sont pleins de bonne volonté, mais ils ne connaissent pas toujours très bien les lois de l'économie.

Écoutez (ou lisez) une deuxième fois leurs déclarations et dites si leurs propositions seraient plutôt inflationnistes ou plutôt déflationnistes... et pourquoi ?

AU CAFÉ DU COMMERCE

POUR STOPPER L'INFLATION, « IL N'Y A QU'À... »

DÉCLARATIONS	Auteurs	Inflationnistes	Déflationnistes	Pourquoi ?
1 - « **Il n'y a qu'à** supprimer les ententes entre producteurs et entre distributeurs pour rétablir une véritable concurrence. »				
2 - « L'État **n'a qu'à** baisser les taux de T.V.A. »				
3 - « **Il suffirait d'**indexer les salaires sur le coût de la vie. »				
4 - « **Que** les banques diminuent leurs taux d'intérêt **et** les prix baisseront. »				
5 - « **Il faut que** le pays arrête de vivre au-dessus de ses moyens et accepte une politique de rigueur. »				
6 - « **Si** l'État réduisait les charges sociales qu'il nous oblige à payer, les prix **baisseraient.** »				
7 - « **Il y aurait** moins d'inflation, **si** l'État aidait nos entreprises à investir. »				
8 - « **On ferait mieux d'**augmenter les bas salaires et de diminuer les gros. »				
9 - « **On n'a qu'à** renforcer le pouvoir des syndicats. »				
10 - « **Améliorons** la productivité de nos entreprises et l'inflation sera jugulée. »				
11 - « **Pourquoi ne pas** obliger les commerçants à abaisser leurs marges ? »				

2. ÉVALUONS L'AMPLEUR DES DÉGATS

Complétez les phrases ci-dessous avec les verbes suivants : incite, tend, se traduit, provoque, a, oriente, désavantage, oblige, contribue, diminue, exerce.

1. L'inflation . . . . par une baisse du pouvoir d'achat des détenteurs de revenus fixes.

2. Si les produits nationaux deviennent plus chers que les produits étrangers, l'inflation . . . . à déséquilibrer la balance commerciale.

3. L'inflation . . . . les salariés à demander des augmentations de salaire.

4. L'inflation . . . . l'État à procéder à une dévaluation de la monnaie nationale.

5. L'inflation . . . . un effet nocif sur l'emploi.

6. L'inflation . . . . des inégalités dans la répartition du revenu national.

7. L'inflation . . . . pour effet de réduire les investissements.

8. L'inflation . . . . la dette des débiteurs.

9. L'inflation . . . . les créanciers.

10. L'inflation . . . . l'épargne vers des placements spéculatifs.

11. L'inflation . . . . à réduire la propension à l'épargne.

3. COMBATTONS LE MAL

Le gouvernement est, cette fois, bien décidé à lutter contre ce fléau qu'est l'inflation. A cet effet, il a fait éditer un prospectus qui est destiné à être distribué à la population et dans lequel il présente les avantages de cette lutte (colonne de gauche du tableau suivant).

Complétez ce tableau en faisant, dans la colonne de droite, les transformations nécessaires.

SLOGANS	REFORMULATIONS
1 - Lutter contre l'inflation, c'est défendre le pouvoir d'achat.	1 - Si vous voulez défendre votre pouvoir d'achat,...
2 - Lutter contre l'inflation, c'est lutter pour l'emploi.	2 - Le meilleur moyen de lutter pour l'emploi,...
3 - Lutter contre l'inflation, c'est développer notre compétitivité.	3 - Pour développer notre compétitivité,...
4 - Lutter contre l'inflation, c'est défendre les avantages collectifs.	4 - En luttant contre l'inflation,...
5 - Lutter contre l'inflation, c'est redresser la situation financière.	5 - Le redressement de la situation financière ne peut être obtenu...
6 - Lutter contre l'inflation, c'est renforcer l'investissement.	6 - La lutte contre l'inflation entraîne...
7 - Lutter contre l'inflation, c'est favoriser l'exportation.	7 - Ce n'est qu'en luttant contre l'inflation...

CRÉDITS PHOTOGRAPHIQUES

P. 2 : Plantu; p. 4 : Gauvreau; p. 7 : Rapho, Neyrat; p. 8 : Wolinski; p. 11 : Wolinski; p. 17 : photo de l'Express du 12.02.87; p. 23 : Wolinski; p. 32-33 : Rosy; p. 41 : Charry; p. 47 : Faizant; p. 48 : Rapho, Maltete; p. 51 : Plantu; p. 54 hg : Sygma, Brucelle; p. 54 hm : Sygma, Bassouls; p. 54 hd : Sygma, Schachmes; p. 54 bg : Sygma, Brucelle; p. 54 bm : Sygma, Bassouls; p. 54 bd : Rapho, Rausch; p. 56 : L'Expansion, Longeaud; p. 60 hd : Rapho, Manceau; p. 60 mhg : Rapho, Neyrat; p. 60 bd : Rapho, Manceau; p. 60 mbd : Rapho, Neyrat; p. 60 bg : Rapho, Dalloux; p. 64-65 : Sempé; p. 68 : Fountain Brand; p. 77 : Bassano; p. 80 : Extraits de la brochure « Quel que soit mon métier, j'utiliserai l'informatique. », A.D.I.; p. 81 : Saint Maxim; p. 86 : Faizant; p. 104 : L'Événement du Jeudi, Assouline; p. 106 : Plantu.

Recherches iconographiques : Atelier d'Images.
Conception et réalisation : Claudine Pizon.
Illustrations : Gilles Jouannet.
Édition : Michèle Grandmangin.

N° d'Éditeur : 10020423 - V - (46) - (CSB - 90) — Dépôt légal : janvier 1994
Imprimé en France par Pollina, 85400 Luçon - n° 64656